U0944687

张新捷◎著

墨菲定律

不可不知的黄金法则和生存智慧

中国人口出版社
China Population Publishing House
全国百佳出版单位

图书在版编目（CIP）数据

墨菲定律 / 张新捷著. — 北京：中国人口出版社，2019.1

ISBN 978-7-5101-6514-6

Ⅰ. ①墨… Ⅱ. ①张… Ⅲ. ①成功心理—研究 Ⅳ. ①B848.4

中国版本图书馆CIP数据核字（2019）第007803号

墨菲定律

张新捷 著

责任编辑 何 军
装帧设计 尚书堂
责任印制 林 鑫 单爱军
出版发行 中国人口出版社
印 刷 三河市明华印务有限公司
开 本 710 毫米 × 1000 毫米 1/16
印 张 12
字 数 160千字
版 次 2019年1月第1版
印 次 2019年1月第1次印刷
书 号 ISBN 978-7-5101-6514-6
定 价 49.80元

社 长 邱 立
网 址 www.rkcbs.com.cn
电子信箱 rkcbs@126.com
总编室电话 （010）83519392
发行部电话 （010）83510481
传 真 （010）83538190
地 址 北京市西城区广安门南街 80 号中加大厦
邮 编 100054

前言
Preface

为什么我们忘记带伞就会下雨？为什么我们所排的队伍总是最慢？为什么我们越是着急就越是赶不上车？为什么我们越是不想让人知道的事情，最后就越是会闹得人尽皆知？如果产生这些疑问，就代表着我们已经意识到了墨菲定律，并且已经展开了对于墨菲定律的思考。

日常生活中的墨菲定律无处不在，咖啡厅等人、办公室工作、家庭聚会、朋友游玩……随处都会发现墨菲定律的影子，可以说，墨菲定律与我们的日常生活息息相关。我们很多人都能发现墨菲定律，却不能正确地认识墨菲定律，甚至还会有人消极地认为墨菲定律是给我们生活带来不幸的元凶。

墨菲定律有四大基础内容：任何事都没有表面上看起来的那么简单；所有的事都会比你预计的时间长；会出错的事总会出错；如果你担心某种情况会发生，那么它就更有可能发生。

我们确实会发现，仿佛墨菲定律只是消极地告诉我们：任何事情都很难获得成功，我们不管做出怎样的努力都不能避免失败，就像是在劝导我们将一切交给所谓的“命运”，等待命运的裁决一样。

如果只是这样，就太小看墨菲定律了，其实墨菲定律并不复杂，道理也没有我们想象中的那么深奥，关键在于它解释了为什么不能忽视小概率事件的道理；揭示了我们必须时刻保持警惕、坚持预防为主的重要意义；同时对我们进行安全教育，这对提高我们的安全意识具有重要的现实意义。

墨菲定律告诉我们，容易犯错是人类与生俱来的天性，这与时代的发展、科技的进步并不存在关系，会发生的事故迟早都会发生。而随着我们解决问题的手段越来越发高明，我们面临的问题也会越来越多。所以，我们事先准备得越周到、全面，那么我们在问题出现时也就越能坦然笑对。

所以不妨放缓自己的脚步，给自己放一个假，跟着本书一起走进墨菲定律，体验墨菲定律的奥妙。本书将从日常的生活、工作、理财、交友、为人处世等多个角度解析墨菲定律，让我们正确地认知墨菲定律，消除墨菲定律所带来的消极影响；转换墨菲定律，使其为我们服务，让我们无论工作还是生活都能向完满更近一步。

目 录
Contents

第一章

实现梦想的道路，比你想象的要漫长

第二章

你以为的创业，根本没有看起来那么简单

第三章

工作越是小心翼翼，越是出错

第四章

你理财了，财也未必理你

第五章

你担心失去爱情，结果真的失去了

第六章

命运很顽皮，你想往东它偏偏往西

第七章

严谨防范，避免小概率失误事件

第八章

有时候，遭遇挫折未必就是坏事

第九章

不苛求，惊喜常不期而至

第十章

不去想糟糕的未来，将一切引向乐观

第一章 实现梦想的道路，比你想象的要漫长

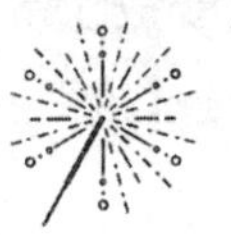

梦想，不只是在梦里想想而已

墨菲定律的主要内容有：任何事都没有表面看起来那么简单。就像梦想，说起来很简单，但真正实现起来完全是另外一回事。

你一定还记得18岁上大学那年的梦想吧。只是，很多人都没来得及去实现。

22岁读完大学的时候，我们说先找了工作再说；26岁工作稳定的时候，我们说买了房以后再说；30岁有车有房的时候，我们又说等结婚了就去蜜月旅行；35岁有了小孩，我们的话又变成了等小孩大一点再去……最后的最后，我们都已经快要忘记了自己的梦想。

柯云见自媒体越来越火热，便也申请了一个微信公众号，方便自己写作。第一篇文章刚写了一半，他便将这件事告诉了自己的亲朋好友，“吆喝”他们为自己的公众号点赞、留言。朋友称赞道：“柯云，你真行，我下班后就想躺着，你可比我们上进多了！”

以前的老师也点赞说：“文采不错，为你点个赞！继续加油哦。”柯云将这些赞美照单全收，在好友群、班级群里谈起了自己的规划：“首先，我会坚持练习，笔耕不辍，逐步提升自己的写作能力。然后我要将这个公众号运营上正轨，让流量越来越高！”

然而，柯云夸下海口后迟迟未再行动。见柯云的第二篇文章迟迟没有上线，朋友催促起来，柯云却解释道：“这几个月都在加班，实在没时间。”之后，柯云又在群里“广而告之”道，他将针对某社会热点问题制作一个专题。然而，一连两个月过去了，他口中的“专题”却始终不见踪影。

有人开玩笑道：“柯云你别糊弄我们啊。”柯云却委屈着说：“专题不是那么好写的，我要查阅很多资料，力求严谨。”

半年过去了，柯云的微信公众号也没有更新，他已经不好意思和朋友谈论写作的事了。

舞台剧《暗恋桃花源》的推广曲中有一句话：许我向你看，每夜梦里我总是向你看。

后来，有人将这句话进行了改编：梦想啊，许我向你看，每夜梦里我总是向你看，看完我还要继续朝你迈进。

我们如果只是单纯地想想而已，那我们永远都在原地踏步，丝毫不会向前，甚至我们还会离自己的梦想越来越远。

其实我们有时候差的只是一步而已，只要向前迈出一步，就能朝着梦想的方向一直前进，哪怕一小步也好。

有一个北京小伙子，在上学期间结识了德国女友，在女友回国之后，便急切地想去见见自己朝思暮想的女友。

于是他下定决心，选择以“搭便车”的旅行方式前往。他历经13个国家，穿越亚洲和欧洲，其间遭遇了一些问题，也得到了一些陌生人的帮助。最终，小伙子在柏林的广场上偶遇了女友，并与她紧紧相拥。

这件事不仅被录制成纪录片在电视台播出，还因为这样的特别经历，出版了一本书《搭车去柏林》。

当所有人都在佩服小伙子的耐力和毅力，感慨爱情的伟大的时候，小伙子却说："有些事，你现在不做，永远也不会去做。"

"有些事，你现在不做，永远也不会去做。"一句很直白的话，却说出了我们所有人对于梦想的苦恼。

我们大多数人，往往不是倒在追梦的路上，而是在还没有开始追梦的时候，便已经选择了回头。

我们每次在下定决心的时候，总是会有种种"意外"打断我们的进程，而且这些往往都属于"不可不做"的急事，于是我们选择了妥协，选择处理完之后就去追逐梦想。

然而，就如同墨菲定律中的那句话一样：每当你准备做什么的时候，总有些别的事你得先做了，每个解决办法都会衍生出新的问题。最终的结果就是我们迟迟不能实施自己的梦想。

其实在这背后，只是因为我们已经习惯了而已，习惯了安于现状，习惯了哀叹贫穷，习惯了麻木不仁……

追逐梦想的过程中存在着太多的不确定性，这些不确定性使得我们不愿意再去做"无谓的折腾"。

但是我们趁着年轻，总应该肆意地"折腾"一番，就如同李宇春的那首歌一样，"再不疯狂，我们就老了"。

不折腾，我们永远都是"做梦君"，折腾也是对梦想的一种尊重，如果我们不能飞，那就跑；如果我们跑不动，那就走；如果我们实在走不动了，那就爬。

无论做什么，我们都要勇往直前；无论有多难，我们都要多坚持一下，千万不要低估我们实现梦想的能力。

如果我们只是在梦里想象，那么梦想永远只是一个梦而已，我们应该拿出实际行动，朝着自己的梦想前进，一步一步，总有一天我们也能实现自己的梦想。

当你的才华还撑不起你的梦想时

我们梦想年薪百万元，却做着月薪3 000元的工作；我们梦想在公司独当一面，却一直是一名默默无闻的小职员；我们梦想把公司做到上市，却面临入不敷出的惨淡经营……

梦想看起来那么遥不可及，我们开始怀疑、否定自己，对前途悲观、失望。事实上，能轻易实现的梦想都不叫梦想。就如根据“墨菲定律”推出的第二条理论那样，“所有的事都会比你预计的时间长”。尤其是当我们的才华还撑不起梦想时，更要耐下心来，一步一个脚印地提升自己的能力。

陈小安梦想成为一个电竞职业玩家，母亲对他比较溺爱，便联系了一家职业俱乐部的教练。

尽管教练告诉陈小安，电子竞技也是需要天赋的，单单依靠兴趣与努力成为顶级选手，并不比依靠学习考上北大、清华简单。

陈小安却毫不在意，义无反顾地加入俱乐部。

然而陈小安无法忍受长期大量且枯燥的训练，每次训练都是敷衍了事，整日想着自己什么时候才有机会上场。

机会终于还是来了，战队中的一位主力选手意外受伤，没有办法，只能让陈小安上场替补。

陈小安本以为可以大显身手，却不想一上场就被对手牵着鼻子走，最终因为自己的糟糕表现使得队伍输掉了比赛。

赛后又因为无法承受来自观众与俱乐部方面的多重压力，最终选择退役，离开电竞圈。

当我们的才华还不足以支撑自己的梦想，或者能力还驾驭不了自己的目标的时候，一味地着急向前冲往往并不是一个明智的选择，这只会让我们未来追梦的道路更加艰难。梦想，不是浮躁，而是沉淀和积累，需要每一天的精进。

王沐晨最大的梦想便是成为一个视频网站的UP主，在校期间选择组建自己的团队制作视频。

然而仅仅两个月，王沐晨就发现了以自己现在的视频制作能力并不足以支撑整个团队的运行。

王沐晨在思考了一个晚上后选择解散团队，开始自学相关技术，毕业后选择进入一家视频制作公司，实践自己的学习成果。

经过几年的摸爬滚打，王沐晨的技术日渐成熟，自己也成为行业翘楚。

这时他毅然决然地选择辞职，依靠自己的技术与多年累积的人脉成立了新的团队，自己也终于成为某视频网站的知名UP主。

墨菲定律告诉我们，经历怎样的辛苦，才配拥有怎样好的人生。所有的成功或者说取得的成绩，都来源于在那些漫长漆黑的夜里，曾经下过的功夫、吃过的苦、流过的泪……正是因为长期的努力与付出，他们的每一天才过得踏实，过得心安，也值得享有应该得到的一切美好与光芒。那么当我们的才华还撑不起自己的梦想时，我们具体应该怎么做才能实现自己的梦想呢？

首先，要做一个对自己有点要求的人，生活中其实并没有什么惊天动地的大事，但每一件小事聚在一起，就铸造了一个人现在的样子。想要实现自己的梦想，做出一番事业，最怕的不是没运气、没钱、没伯乐，而是我们从一开始就对自己没要求。

一个人对自己都没要求，不能做到严以律己，又怎么能指望其为梦想而付出呢？我们身边的每个人都有值得我们学习的地方，每个人的行为也有能激励我们的地方。承认别人的优点，看得起别人的成功，才是我们实现梦想的第一步。

看到了不同的世界，便会有不同的思维与行为方式，也才能认清自己的梦想。

其次，要学会坚持，无论我们的人生起点有多低，都要牢牢守住“坚持”二字。

坚持，是我们提高才华、支撑梦想的重要道路，有人说一件事坚持做7天就能变成习惯，坚持21天就能成为生活中的必备。如果我们只是坚持逛街，坚持打游戏，坚持睡懒觉，坚持看电视追剧，那不如再增加一件事，坚持做一些与梦想相关的事情，只要一直坚持下去，我们就会发现，我们离自己的梦想越来越近。

“一夜成名”的人都是运气好吗

“隔壁家的孩子，不到30年薪百万。”

“我一个同学写的小说，还没毕业就被网站签约了。”

“我认识一个女孩，参加唱歌比赛，一夜走红，现在到处开演唱会。”

现在随着网络的发展普及，我们身边突然出现越来越多“一夜成名”的案例，导致我们也变得越来越焦虑，越来越浮躁。

我们在心里不断暗示自己：“他们可以，我们也行。”一旦失败，便又变得怨天尤人，整日一副“怀才不遇”的样子，将他们的成功看作运气使然。

那么，那些“一夜成名”的人真的只是运气好而已吗?

吴晓波认为，“每一件与众不同的绝世好东西，其实都是以无比寂寞的勤奋为前提的，要么是血，要么是汗，要么是大把大把的曼妙青春好时光。”我们很多时候只看到了那些“一夜成名”之人表面的光鲜亮丽，却忽视了对方为此付出的时间、精力。

1902年，27岁的诗人里尔克应聘去给62岁的画家、雕塑大师罗丹当助理。

在初出茅庐的里尔克的幻想当中，名满天下的罗丹一定有着十分浪漫、疯狂、与众不同的生活。然而，他看到的真实景象与想象中的大相径庭：罗丹竟是一个整天孤独地埋头于画室的老人。

这个现实令里尔克有些无法接受，他问罗丹："如何能够寻找到一个要素，足以表达自己的一切？"

罗丹沉默片刻，然后极其严肃地说："应当工作，只要工作。还要有耐心。"

"出名要趁早。"这句话真的是误导了我们很多年，使得我们现在心浮气躁，总想着"一夜成名"的美事。如果将我们的成功比作是一次马拉松长跑，那么最后百米的冲刺却需要之前的积累。

我们常常看到一些"一夜成名"的人，但是这些所谓的"一夜成名"，都暗含着坚持不懈为了自己梦想没日没夜的努力。

英国的尼尔·弗格森算是当代西方学者公认的"神童"，他的研究领域横跨历史学、经济学与政治学三界之间，不到30岁就被牛津大学聘为研究员，40岁时被《时代》周刊评选为"影响世界的一百人"。但是我们不知道的是，年少成名的背后，是他远超常人的努力，为了写好《罗斯柴尔德家族》一书，他和他的助理们翻阅了罗氏家族百年以来上万封的家信及成吨重的原始资料。

我们常说，"世有伯乐，然后有千里马。"这一句话充分体现了"伯乐"的重要性，但也让很多人过度地着眼于"伯乐"，而忽视了"千里马"本身的能力才是关键。

小米的创始人雷军在业内有"最勤奋的CEO"之称，16年来，几乎每天都要工作十几个小时；苹果CEO库克每天早上4点就起床发邮件，5点会准时出现在健身馆，而且往往还是晚上离开办公室最晚的人；87岁的李嘉诚还在不停工作。

正如墨菲定律中的那句话一般：每件事的背后，都没有你看上去那么简单。

那些“一夜成名”的人的背后，并没有我们想象中的那么光彩夺目，都有着十年如一日的艰苦奋斗历程。

你才二十多岁，为什么怕来不及实现梦想

我们时常会感到时间来不及，从而感到焦虑，等到冷静下来却找不到丝毫焦虑的理由。可是，我们现在才20岁啊！为什么害怕来不及？究竟是哪里来不及呢？

林瑶毕业于名牌大学，但是学的专业并不是她喜欢的。当年高考过后，她只是随便填了学校和专业，没有想到，那个时候的选择竟然直接绑定了以后的人生。她羡慕那些目标很明确的人，要么就是从事本专业的工作，要么就干脆跨行做一点别的，可是她连个确定的答案都没有。她说该怎么办啊，好像做什么事情都来不及了。

她回想自己在大学的几年时光，专业没有好好学，恋爱也没有正经谈过，好像一无所长，走在人群里随时都会被淹没。

反观自己身边的那些同学，有从大一开始就利用寒暑假的时间四处旅行、拍照的学姐，如今已经开始给旅行杂志供稿子了；有大二时就交换去美国常春藤名校的学长，现在已经在那里读研，继续深造；还有大三时就已经有了自己设计工作室的同届同学，接了几个不大不小的单子后，现在工作室已经小有名气的。

李瑶不只一次向自己朋友抱怨，好像过了20岁以后，时间一直在快进，有太多的东西想尝试，有太多的事情想去做，有太多的远方想到达，可是好像根本来不及啊。她害怕到最后，什么梦想都没有实现。

刘洪波为了更好地适应当前社会激烈的竞争，30岁又开始重新学习，参加高考，考了三次才被湖北中医学院录取。

山姆·布莱恩特40多岁才开始健身，连续坚持27年，练就一身健硕的肌肉。

哈·拉斯科80岁开始学画画，自20世纪90年代退休后，开始用Windows 95软件“画图”作画，98岁成为艺术家，举办了个人画展。

和这些人相比，我们怕什么来不及实现梦想，又有什么资格说来不及实现梦想?

是害怕前方的道路漫长而未知，还是害怕现在落后于别人太多?又或者是怕终究无法成为自己想要成为的人?

可是这些又有什么来不及的呢?只要我们愿意去努力，愿意去改变，任何时候都来得及。

正所谓“是金子总会发光”，20岁的我们还有大把的时光，有的是时间让我们变得更好，我们要做的就是努力地提高自己，把所有的落后于人和落寞失意都抛之脑后，剩下的就都交给时间就好，总有一天，我们所做出的努力都会回报我们。

爱德华·墨菲于1949年提出的“墨菲定律”中有一句话：“会出错的事，总会出错；如果你担心某种情况发生，那么它就更有可能发生。”

如果我们每天什么事情都不做，只要不断地重复着“我好害怕”“我害怕什么都来不及”，我们就会毕业论文来不及写，工作来不及做，梦想也来不及开始。

害怕梦想来不及实现，只会为我们徒增无谓的烦躁和压力，并不能帮忙解决任何实际的问题。事实上，更多时候，害怕像是一个任意反弹的弹簧，肆意地搅乱我们的生活。

不必再害怕梦想来不及实现了，只要从现在开始，任何时候都来得及。

我们要相信，只要努力，总有一天梦想会实现。

没实现的梦想，大都输给了半途而废

“梦想总是遥不可及，是不是应该放弃。”

筷子兄弟在歌曲《老男孩》中，唱出无数面临抉择的年轻人对于梦想的迷茫，无数人在心中自问：那些没有来得及实现的梦想，是不是应该选择半途而废。

而歌曲中并没有明确地给我们答案，却在大段回忆青春的歌词中反问了一句：“当初的愿望实现了吗，事到如今只好祭奠吗？”

许道明初中时的梦想就是当一名小说家，他拼命地学习写作技巧，拼命地看各种中外名著，高考填写志愿的时候，也不顾家里的反对选择了中文系。

毕业后他选择在一家报社工作，在工作之余进行着自己的创作，然而事情常常不能如人所愿。

许道明的作品一直没有受到肯定，常常面临投稿失败，稿子被毙、石沉大海，甚至有时候自己完全不知道应该写些什么。

他无数次在心里自问：不知道那些“终于写出头”的作家们，是否也曾经有过这么艰难的时候？

“墨菲定律”中有这么一句话：“往往等公交车太久没来就走了的人，刚走公交车就来了。”

很多人梦想的实现都是在他感觉最困难、马上就坚持不下去、准备放弃的时候。

所以在那些我们还没来得及实现梦想的时候，不妨再咬牙坚持一下，说不定转机就恰好出现在我们放弃的那一刻。

我们都在追求梦想的道路上摸爬滚打，一次次地从挫败中认识自我，又一遍遍地在打击中迷失方向。在感到疲惫时，不妨看看这部电影，或许你能从中找到继续前行的动力！

电影《翻转幸福》描述了一位美国女企业家乔·蒙哥略的真实奋斗故事。乔自幼就父母离异，成人后又是位单亲妈妈，她辛苦地撑起了全家的生活。即便一路走来生活艰难，她仍不放弃从小对发明产生的热情。

最后，她在挺过种种社会歧视、与金钱上不足的限制后，成功创造了世界上第一把魔术拖把 (Miracle Mop)，并将她的企业发展成市值十亿美元的企业。她靠自己的双手，翻转了自己的命运。

学过绘画的人想必都知道，在学画的过程中，大多数人都会遭遇瓶颈期：本来觉得天天有进步的，但是突然有一天，就迷茫了，不会画了，不知道该怎么画了……

而这个时候也往往是最重要的时候，一旦我们突破了这个瓶颈期，就会有突飞猛进的进步；若是不能突破，也许就此止步或最终放弃。

我们身边有很多遇到“瓶颈”的情况，无论是在学习上还是在工作中，似乎都有这样的时候：在实现梦想的过程中，总是会遇到一段或长或短感到枯燥、无奈，感觉自己碌碌无为，纠结自己是否该继续走下去的时候。

有些人会在这个时候认为自己没有实现梦想的能力，而选择了放弃，把所谓的最初的梦想都留在了伤感的记忆里。

日本漫画家村田雄介在《一拳超人》中借主角之口说出这么一句话："俯卧撑100个！仰卧起坐100个！下蹲100个！然后跑步10千米！这些每天坚持……要玩命锻炼自己，不惜秃头，这就是变强的唯一方法！说什么新人类，什么进化，在那里瞎胡闹的你们，是绝做不到的，人类真正的强大是自我改变！"

那些我们羡慕的，能过自己想过的生活，从事自己喜欢的工作，拥有自己喜欢的一切，可以实现梦想的人，并不是因为他们有什么过人的天赋，只是因为他们没有半途而废，他们在最困难的时候坚持下来了而已。

一旦我们遇到瓶颈与挫折，就开始左顾右盼、心神不宁，还会给自己找个冠冕堂皇的理由，说什么"梦想撞在坚硬的现实上破碎了""总要养家糊口才能奢谈梦想啊"……

直接承认就好了，我们只是坚持不下去了。

一旦坚持的力量坍塌，我们就会产生自我怀疑，在纠结彷徨之后，又开始为自己开脱，找个所有人都能够认同的理由，让自己"脱身"。最终梦想没实现，现实不甘心，就像一颗心总是悬在半空中。

所以在我们遇到艰难与挫折，觉得自己选择的这条路不好走，想要放弃的时候，不妨放下那些好高骛远，放弃那些长篇大论，脚踏实地、咬牙向前迈一步，一小步就好。梦想没有我们想象中的那么遥远，有时候我们离梦想就差这么一步。

路不好走，那就走慢一点。即使再慢，我们也是在朝着梦想前行的。慢慢走，扎实而努力，不轻言放弃，选择了就去试一试，总有一天我们会到达成功的彼岸。

循着兴趣，一步步成为你想成为的样子

“现在的生活真是无聊！”

“无聊”，这或许是我们现在常听到的一个词语了，在工作中、生活中，甚至在我们熬夜游戏中，“无聊”这个词无处不在。

墨菲定律中有一句话：每个人都有一套没法运作的计划。

朱子欣从小便喜欢舞蹈，自上小学开始便跟着舞蹈老师学习，但是在高考填写志愿的时候，朱子欣却听从父母的意见，选择了自己不喜欢的人事管理专业。

整个大学期间，朱子欣都感觉自己过得浑浑噩噩，就连自己毕业之后，对大学生活也没有丝毫快乐的回忆。

毕业后，朱子欣又选择了听从父母的建议，进入一家地方企业从事与自己专业相关的人事工作。

公司无论是从工薪待遇还是工作环境都令人满意，朱子欣也在公司结交了很多新朋友，但是朱子欣怎么也感受不到丝毫的快乐。

后来见到一个当年一起学习舞蹈的朋友，他已经成为省级舞蹈协会的成员，并且考取了舞蹈教师资格证，开始从事自己喜欢的工作。

从此后朱子欣更加反感自己现在的生活，工作的时候也是经常心不在焉，常常犯错误。最后，领导辞退了朱子欣。

很多人会对自己现在的生活、工作并不满意，心中有很多美好的想法，并对未来的生活充满了幻想，却总是无法下定决心迈出第一步。

其实我们选择了什么样的生活方式，就有什么样的生活，与其整日面对自己不喜欢的生活长吁短叹，何不遵从自己内心的想法，发掘自己的兴趣，一步步变成自己想要成为的样子，过上自己喜欢的生活呢？

诺贝尔文学奖的常年陪跑者村上春树，从小受到家庭熏陶，非常喜欢读书。村上春树读小学时，父亲有意培养他对日本古典文学的兴趣，但他始终未能入道，反而对西方文学情有独钟。

他说："不想学的、没兴趣的东西，再怎样都不学。"

上了大学之后，村上春树常常泡在大学的图书馆里，他形容自己看书就像拿铁锹往煤炉里铲煤，不管什么煤都往里铲，来者不拒。

他阅读英文原著，一页一页地翻，一本一本地啃，还把自己喜欢的美国惊悚小说翻译成日语。

大量的阅读增强了他对文字的敏感度，使他更擅长从转瞬即逝的变化中捕捉情绪，不知不觉间为他的小说创作奠定了坚实的基础。

29岁那年，村上春树在涩谷区千驮附近的神宫球场突然起了写小说的念头，随后便每晚在餐桌上挥笔不止，写下了《且听风吟》，却不想获得了第23届"群像新人奖"。

至此之后，村上春树开始了自己的创作之旅，并一发不可收拾，《挪威的森林》上市后成为日本畅销书，引发了"村上现象"。

格拉德威尔在《异类》一书中指出一个定律："人们眼中的天才之所以卓越非凡，并非天资超人一等，而是付出了持续不断的努力。一万小时的锤炼是任何人从平凡变成世界级大师的必要条件。"

要成为某个领域的专家，至少需要从事该领域工作一万个小时，如果每天从事工作八个小时，一周工作五天，那么要达到这一标准就需要五年的时间，这还不包括我们浪费的时间。

时间如此紧迫，即便用来从事我们感兴趣的事情都嫌不够，更不要说用来犹豫和妥协，尤其是妥协给那些我们自己都清楚"这只是妥协"的东西上面。

我们有时候总是觉得生活的束缚约束了自己，但是当我们犹豫的那一瞬间，我们便已经在不知不觉中丧失了一次机会，一次自己想要、能够改变自己、使自己过上想要的生活的机会。

所以我们不需要太多犹豫，要随着自己心中所想，认定自己感兴趣的方向，一步一步向前迈进。我们的梦想只有自己买单，别人无法左右我们的生活，更无法改变我们的未来。

我们都明白，无论经历着怎样的孤独，都只能前行。也许努力了不一定会取得我们想要的结果，但在承载我们自己梦想的地方，认清方向，就该放胆前行。

在这段起伏不定的旅途中，我们不用犹豫与彷徨，这些只会让自己变得胆怯与妥协。只要我们循着兴趣，便能一步步变成自己想成为的样子，最终成就自己的梦想。

第二章 你以为的创业，根本没有看起来那么简单

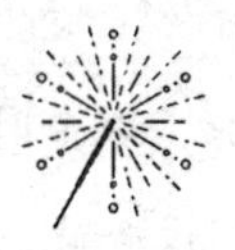

你认为创业就是当老板吗

据说在北上广深的大街上，十个人中有七个有过创业经历，有百分之九十九的人想过自己创业，大有一种不创业都不好意思跟别人聊天的趋势。

然而就如同墨菲定律中所说的那样：没什么事情像看上去那样简单，每个解决办法都会衍生出新的问题。

我们想象中的“创业就是自己当老板”，其实并不容易，我们在创业的过程中，也会遇到种种需要独自面对的艰辛。

李洪大学期间就一直幻想着创业，课余时间在学校曾做过小生意，每次都能赚到一些小钱，就此认为创业不过如此，没有想象中的那么难。

于是毕业之后李洪不打算去找工作，而选择了同几个朋友进行创业。

几个人向家里要了一些钱，联手制作了一个搞笑APP，开始了自己的创业之旅。

但是APP是做好了，不知道具体应该放什么内容，毕竟几个人都是做软件的，对于文字不是很懂，便想着再招几个专门写文案的人。

好不容易招聘到编写内容的人员，却发现宣传方面又出了问题，因为是新的APP，认知度不高，推广起来异常艰辛。

于是几个人商量着再招几名宣传推广人员。这个还没做好，原先答应的赞助商在看到产品后突然反悔，他们又要重新拉赞助。

兜兜转转两个月后，赞助没有拉到，员工的薪水也发不出来，只能无奈解散。

"创业没有你想象中的那么难。"

我们经常听到一些成功人士发出类似的言论，这让我们产生一种"创业就是自己当老板这么简单"的错觉。

创业或许没有一些人想象中的那么难，但也不会只是我们想象中的那么简单。

这就如同我们学习英语时常说的那句话一样："难的不会，会的不难。"

维弗雷多·帕累托曾经提出一个"二八原则"，即行业两成的人创造了八成的利润。

我们在创业的过程中，首先就会面临"二八原则"带来的问题。比如，我们想开一个网站，就需要招程序员、网络推广、美工……每月要按时交房租，每月照发工资，员工还可能经常在那喊着"工资太低了，老板太黑了，要求涨工资呀"，我们付出与别人一样的成本，却只能与八成的人去分享那两成的利润。

我们常常会看到很多创业成功的例子，只是这些例子还有待我们亲自去挖掘，凡是那些在网上铺天盖地都在说的赚钱方法，基本上不会赚钱。

创业需要我们时时刻刻想着"怎样优秀，怎样与众不同"，别人是靠打高价的广告引流量，我们就需要想着能不能做不花钱的口碑营销；别人自己买服务器，我们需要考虑使用云计算架构节省成本；别人靠花大钱在APP刷榜，我们需要靠SNS来实现"自营销"……

打工可以赚大钱，创业也可能会赔得倾家荡产。打工什么都不需要想，只要按照领导的要求去做就好了，公司亏盈，我们的工资却要照常发。但创业就需要我们自己去寻找商机，抓住机遇，硬件、软件都要提高，还要时时刻刻考虑合伙人、受众、员工多方面的影响。只有比大多数人更加努力，才有可能跻身那少数的“两成”人。一心只想着当老板，什么事情都不想做，只会成为别人的“背景墙”。

为什么那么多企业家不支持大学生创业

大学生到底该不该毕业后选择去创业？这是一个众说纷纭的话题，很多创业圈、投资圈内的人士都为此展开过争论。

其实有很多企业家都不支持大学生创业，他们大多建议大学生毕业后先工作几年，积累一定的社会经历再创业。

但是身为大学生，有太多那种不能创业就坐立不安、茶饭不思的人，总是想着毕业后干一番事业，急于投身创业的热潮之中，结果却因为种种原因导致机会搁浅，就如墨菲定律中的那句话一样：每个人都有一套没法运作的致富计划。

如果是拿父母的养老钱，或者是借来的钱创业，我们就一定要三思、慎重，最好是能先有一些工作经验，进行一些社会实践，了解创业中到底有哪些事以及自己是否具备这些条件之后，再考虑是否要进行创业的问题。

钟子栋和女友毕业以后一起开了一家奶茶加盟店。

奶茶店刚开张的前几天里，每天钟子栋就赶去店里帮着发宣传单，对着来来往往的人群一遍遍地喊着“奶茶买一送一”，甚至自己还编了很多打油诗来当作广告词，从下午6点一直喊道晚上11点多。

但是一段时间过去后，两人发现奶茶店不但没有挣到钱，还入不敷出。

于是两人便坐下来认真地分析了一遍：工作日的时候一天能卖到70多杯，每杯平均7元钱，周末的时候一天能卖到大约90杯，这么一算每个月的毛利润就多达14 840元。

但是奶茶的原料成本大约是30%，每个月的房租又要3 500元，再加上女友一个人忙不过来，还需要另外雇佣一人，这利润也只有4 000元刚出头而已。

奶茶店的初期投资算上加盟费要五六万元，两人花销又比较大，导致奶茶店入不敷出，最后只能无奈关门了。

其实，之所以那么多企业家不支持大学生创业，主要就是担心大学生没有能力应对创业初期所带来的困难。

首先，创业需要资金，尤其是创业的前期，肯定是需要一些短期内见不到回报的资金支持来维系运营。那么问题就来了，作为大学生的我们怎么拿得出这第一笔资金呢？

而且，创业的道路并不是一帆风顺，如果向家里要来的资金打了水漂，我们又该如何收场？作为大学生创业的第一个难点，便是我们没有足够的初期资金，同时又很难拉到其他的赞助。

其次，创业项目并不好选，做任何项目都需要一个平台，选择一个好的平台，做项目会如鱼得水，可以游刃有余，但选择一个错误的平台就会适得其反。身为大学生的我们没有足够的社会经验，创业项目全靠自己想象，我们很难分辨什么项目容易赚钱，什么项目累死累活也赚不到一分钱。

最后，是大学生缺乏创业技能，我们刚从学校毕业，不了解相关政策法规，没有相关的工作、实践经历，缺乏能力和经验，但又对创业的期望值非常高，经受不了重大打击。

如果想创业，首先要做的是认清自己，认清自己之后，才能理性地看待自己在资金、项目、相关能力、社会经验各方面的优势、劣势，只有我们各方面都考虑周全，才能保证我们的创业能够有个良好的开局。

创业没想象中那样简单

我们在看到新闻里“80后小伙儿成功创业”“90后最年轻CEO”的消息的时候，总是在心里不断告诉自己“我上我也行”，认为自己之所以到现在还没有成功只是运气不好。

其实不然，创业虽然没有想象中的那么难，但也没有我们想象中的那么简单，我们选择开始创业的那一刻起，就应该勇于面对创业的残酷性，做好默默付出却一无所获的准备。就像墨菲定律中说的那样：失败是不可避免的，因为失败太富有创造力了。

在我们的认知里，成功的创业者俨然成为“英雄”的代名词。但是大多数的创业者其实并不是一帆风顺的，他们在成功之后悄悄隐藏起创业中的黑暗一面：在成功之前，曾经在将近崩溃的焦虑和绝望中挣扎。

据统计，中国创业企业的失败率高达90%左右，大学生毕业以后马上创业，那么失败率更是达到了95%。而创业者第一次创业的成功率只有12%，即使是第二次创业，成功率不过为20%而已。

仅拿2016年上半年来说，“资本寒冬”“估值跳水”“融资放缓”几乎霸据上半年主要关键词的位置。市场不好、竞争压力大，这让创业公司接连倒闭，即便是曾经融资几亿元的公司也难逃一劫。

我们每年都会看到创业者因创业失败而引发抑郁等心理疾病的报道，所以我们如果想选择创业，就要准备好面对压力、打击、失败以及这些背后带来的心理冲击。

有人说，创业的过程就像是野外骑车一样，总是会颠簸不稳，但是创业者们也可以做出一些努力，来帮助他们保持对方向的掌控。

只有这样才会有效地缓解面临失败时的压力。

那么创业会面临哪些问题呢？

首先，是焦虑，我们在生活中、工作中遇到问题时尚且会感到焦虑，有时甚至手足无措、无所适从，更何况是那些每天都会面临失败风险的创业者。

这时候最好的办法便是控制自己的财务风险，在资金计划中留下一定的投资额度，以便应对突发情况，甚至可以找合作伙伴一起创业，缓解自己的压力。

其次，是双向抑郁，我们理解的抑郁只是情绪低落，但是从事创业的人是不一样的，双向抑郁是有时候整个情绪会很低，有时候情绪却很亢奋，创业者就是在高潮、低潮迭代转换的过程中不停地转变自己的情绪。

这时候我们可以考虑重新建立面对失败和亏损的能力，改变我们对困境的看法，保持我们的良好心态，时刻保持信心。

最后，是失眠，大多数的创业者会将白天的问题带入睡前，导致自己睡不着觉，每天辗转反侧，满脑子公司的事情。

针对这一现象，有氧运动、健康饮食对于充足睡眠都很有帮助。同时培养一个与工作无关的身份也同样有效。通过生活中的这个“身份”分散自己的注意力，时时刻刻提醒自己：“事业不是全部，生活同样很美好。”

另外，我们要学会诚实地对待自己的感受，不要隐藏情绪，即使是在办公室中。当我们愿意诚实地面对情绪时，就能与周围的人有更深入的沟通。甘愿变得脆弱，对领导者来说是一种非常强大的能力，这也是我们创业中特别重要的。

短暂的激情是不值钱的

在大型励志创业电视活动《赢在中国》第一赛季晋级篇第五场中，来自美国的工商管理硕士、电子工程硕士陈跃武，带着周详的计划、创业的激情来到这个赛场，却直接被马云淘汰掉了。

马云对他说："你最好别创业，创业很累，创业的失败率很大，如果你真的要创业，我建议你MBA毕业以后最好先找一份工作，到中国来干5年，5年以后还想创业，你再创业。"

是啊，就如同墨菲定律中的那句话一样：每件事总比你估计的要多花点时间。在创业的大军中，并不缺乏激情满满之辈，每个人都是抱着满腔热血投入创业之中，真正缺乏的，是那些有激情、有准备、能够坚持到底的人。

如果我们只是心怀激情便投入创业之中，那么随着创业初期的不顺，激情可能会被慢慢磨灭；随着时间的推移，我们会变得越来越难以坚持，最后的结果，也只剩下放弃。

试想一下，那些人和我们一样怀有激情，比我们更加有计划、有目的，在各方面都比我们准备充分，甚至有些人比我们有独特的天赋……即便如此，他们大多数人还在底层摸爬滚打，甚至已经面临创业失败，那么我们空怀激情，又凭什么比他们更加优秀，做得更好呢？

很多事情说起来很简单，做起来却很难，对于我们想要创业的人来说，更是如此。

就如同上山打猎一般，因为看到别人打到很多猎物，于是很多人便蠢蠢欲动，约上三五个好友，扛着几把不怎么好使的猎枪，满怀激情地上山打猎。那个时候我们是兴高采烈的，因为心中幻想着可以马上成为“成功的狩猎者”，但是现实总是残酷的。那些成功打到猎物的打猎者，在上山之前也许经历了多年的实战训练以及十年如一日的坚持，而新打猎者上山之前，却没有相应的准备，只是空怀激情想到哪儿做到哪儿而已。

短暂的激情是最没有用的，我们创业之初还可以依靠激情来当作纽带，加大彼此的联系，一起面对困难，但是随着时间的推移，困难的增多，慢慢地激情便起不到任何作用。

所谓“共患难易，同富贵难”，在开始的时候一起创业，或是独自创业得到他人的支持，都是凭借着一腔热血，都没有想过太多，但随着事业进入平缓期，每个人的心思都会产生不同的变化，有些人已然激情不再，这时候就要考虑换一种方式来作为彼此之间的“纽带”。

再有就是面对困难时候的坚持不懈。

放弃是最大的失败，但这里的“放弃”并不仅仅指的是放弃自己的事业，还包括改变自己的初衷。

最后的问题便是展望未来，未来拥有无数的可能，但我们只能去选择其中一条，这不免会让我们产生彷徨，甚至也会使得团队内部产生分歧。古往今来，这样的案例数不胜数，远的有刘邦、项羽，近的有乔布斯离开苹果。

所以短暂的激情并不值钱，激情只是我们创业的动力，但不代表我们的创业能力，仅有能力还不够，还需要我们坚持不懈地走下去，这样我们的创业之路才能走远。

必须随时做好过冬的准备

“在现实生活中，没有什么事情是永远正确的。所以，如果每件事都在朝好的方向发展……一定出问题了。”

这句话出自墨菲定律中的一个演化版本，其实说的是我们在创业的过程中，不可能永远是顺风顺水的，如果现在看上去是如此，那么必定即将甚至是已经在不知道的地方出现了问题。

这就和我们在生活中常说的“生于忧患，死于安乐”其实是一个道理。我们每个人都应该居安思危，当我们安逸的时候，要时刻保持头脑清醒，要有思危的思想，因为我们并不知道什么时候危险就会到来。

有一个药业开始的时候是主打品牌效应，喜欢请明星来为自己代言，但是，随着互联网的普及，人们更加注重产品的效果和服务，不愿意相信广告，这家药业发现这套营销模式变得没有那么好用，于是积极转型，开始更加注重自己的销售渠道的建设。开始以终端为主，提出了赢在云端的战略转型，研发了多款APP，最大限度地迎合用户的需求。

正所谓“打江山易，守江山难”，我们之所以能够平稳地发展，能够过上好的生活，是因为我们之前辛辛苦苦，付出过很多的努力，但是我们并不能以此终止脚步，我们还是要守好这个江山，否则迟早会有一天，我们会陷入突发起来的危机，从而破产。

作为第一家发明并生产数码相机的伊士曼柯达公司，一度成为影像的代言词，在它最辉煌的时候，几乎垄断了中国的胶卷市场。

但是柯达一直沿用传统的思维，并没有积极参与数码相机的竞争当中，甚至在数字成像技术成熟，传统的成像技术已然不受欢迎的时候，柯达也没有做出积极的应对。

直到1998年，柯达营业额锐减，柯达的决策者开始尝试发展数字技术，并没有丝毫转型的意愿。

到了2004年才推出6款数码相机，但是几乎没有任何利润。

直到2012年纽交所向柯达发出退市警告，无奈之下柯达提交了破产申请。

我们做不到料事如神，猜不到危机会在什么时间、以哪一种形式降临在我们身边，但我们可以事先做一些准备，好让自己在面对危机的时候更加从容，不至于手忙脚乱。

那么我们在事业进入平缓期后，应该做出哪些努力去应对之后可能会面临的危机呢?

首先，我们需要不断地充实自己，不断地提高自己的能力。我们常说“逆水行舟，不进则退”，如果我们不能做到不断接受新鲜事物，不能做到与时俱进，那么我们迟早会被淘汰。

所以，我们应该顺应时代的发展，不停地学习新的知识，不断提高自己，同时提高我们事业的竞争力，不让自己的事业因为过于陈旧而被同行淘汰。

其次，我们要端正自己的心态。心态的重要性不言而喻，它在一定程度上能够影响我们的行事准则，一个好的心态有利于事情的发展，坏的心态则会阻碍事情的走向。没有一个良好的心态，很容易铸成大错。我们或许不奢望能够成就一番大事业，但是还是要把每一件小事的细节做好，小事做到精致，大事说不定自然而然也就成了。

最后，自然就是一些外在细节，比如，时刻关注人才的动向，保持行业的敏感度，注意资金的合理利用……有些在平时看来似乎没有那么重要，在危机来临之际却会为我们带来巨大的损失。

正所谓“天时、地利、人和”，未来遇到的困难我们或许无法预测，但是我们可以让自己适应周边的环境，努力地提高自己，这样在我们以后遇到了危机时才不会显得慌乱，才能够找到度过危机的方法。

创业失败，后来怎么办

有人说，创业本身就是一个坑，一个漫长的过程，也是一种生活。我们每一个创业者都是在无数个夜晚扛着压力在前行，有的人成功了，有的人失败了，甚至有人为此负债累累。

成功的姑且不说，面对创业的失败，又会出现不同的选择，有人选择投资，有人选择去打工挣钱，也有的人选择继续创业。

那么，一味地坚持继续创业，我们真的可能因此获得成功吗？

很多选择继续创业的人，都会清晰地认识到自己上一份创业失败的具体原因，想着自己只要避免就会更加接近成功。

但是墨菲定律告诉我们：规则不容易掌握，一旦掌握了，规则又变了。我们或许会遇到相同的问题，却还是无法彻底解决，也可能会遇到其他的问题，因为没有经验而束手无策。不考虑实际的情况，单纯地为了坚持而坚持创业是不明智的。

有人对于创业者失败之后的走向问题做过一个统计，总的来说，创业失败选择打工的有24%，选择投资的有21%，选择再次创业的有55%，选择再次创业的人中，还包括很大一部分是已做一些其他的事情，休息一下再回来创业的人。

郭丰学的是计算机专业，很羡慕那些创业成功的同龄人，最大的梦想是做一款“现象级”大产品。

在校期间他就有过三次简短的创业经历，这使他自认为有了足够的创业经验，毕业后与几个同学一起设计了一个婚恋APP，短时间内就拥有了四万用户，这一度使他非常自豪。

但是问题很快就来了，他们面临资金的不足的问题，郭丰决定亲自去找投资人，一连见了30多位，却没有得到一分钱的融资。

郭丰一度认为这些投资者没有眼光，这么好的APP却看不到前景，直到他遇到一位学长。

学长对他说：“你设计的这个APP是个很好的软件，也贴合现代人相亲的热潮，但是这个APP最大的问题是它没有商业价值，无法进行商业化，哪怕它的用户再多，也没有人愿意投资不能带来收益的产品。”

郭丰回去后仔细想了想，也明白了学长的意思，便决定放弃创业，先去一家软件公司工作，等有了足够的经验，能够分辨产品价值的时候，再决定是否创业。

其实创业没有我们想象中的那么简单，也不是说有了一点点经验就能够成功，那些连续创业失败的人并没有认清自己存在的问题。

大多数创业者身上存在的最大问题便是为了创业而创业，根本没有考虑实际的情况。我们很多创业者，包括那些想要创业的人，大多数只是受到了网上那些成功案例的刺激，根本不明白自己想要的是什么，也不明白自己到底应该如何做。

创业并不是一蹴而就的事情，我们看到了太多“一夜暴富”的案例，却忽视了其中的过程，总是想着快点获得成功，而无法忍受前期枯燥的沉寂。

如果我们不懂得产品的价值，我们在创业的过程中一腔热血，全然都是为了理想，根本不去考虑和钱有关的问题，忽视了产品的价值。如果一个产品确实很有用处，却带不来一点收益，那么根本不会有投资商看重，我们也就无法获得资金来维持公司运营。

对于创业者来说，无论是争取融资、产品管理、团队管理、战略判断，每个方面都至关重要，如果我们没有考虑清楚，而在创业失败后一味地继续开始新的创业，所收获的也只是失败的经验而已，对我们如何成功没有任何的帮助。

你真的适合创业吗

墨菲定律中有一句话，应该得到我们的重视：别试图教猫唱歌，这样不但不会有结果，还会惹猫不高兴。仔细想一想，创业就如同教人唱歌一样，如果我们教猫唱歌，它自然永远都不可能学会，但是如果我们本身就是一个不会唱歌的人，那又怎么可能教会别人唱歌呢？

创业失败的案例比比皆是，多到根本数不过来，甚至像史玉柱、马云这样的成功人士，也都有过创业失败的经历。

不管从事哪个行业，都要讲究天赋的问题，创业更是如此，不适合创业的人，哪怕再努力都不会获得成功。拥有创业的天赋，还需要有创业的能力，没有能力注定失败；有了能力，没有人脉也做不长久；有了人脉还需要良好的经营策略；有经营策略，还需要一点点的运气……

胡浩天是一个安于现状的人，在周围人都想着创业的时候他却没有这个想法，选择回家继承祖业，开了一间特别不起眼的包子铺，每天也不想别的，只是安心地做好每一个包子。对于胡浩天来说，能够听到客人的赞扬就是一件很高兴的事情。

渐渐地胡浩天包子铺的名声越来越大，每天到了吃饭的时候，店铺外面便开始排起长长的队伍。

但是胡浩天并不懂经营，也不愿意开分店让别人败坏自己包子铺的名声，便还是一如既往，没做出什么改变，只是多花一些心思在就餐环境和体验上，使客人看起来更舒心，坐下来吃饭也更加安心。

胡浩天包子铺靠着这始终如一的态度，名声越传越广，甚至有人专程从外地赶来，就是为了吃一顿包子。

有人选择创业，有人选择打工，创业的人可能会走上“一夜暴富”的道路，打工的人也能依靠自己的勤勤恳恳获得成功。所以道路没有什么好坏，就看适合不适合。

那么哪些人并不适合创业呢?

怕苦怕累的人。创业并不轻松，甚至比打工更加艰辛，但是我们普遍对累的、麻烦的、不耐烦的事情都有一个较低的接受程度，甚至许多人是那种格外怕苦、怕累、怕麻烦的人，这会使得我们的创业总是在关键时刻掉链子。

抗压能力比较差的人。创业的过程中会面临很多不同的压力，甚至这压力并不能与人分担，只能选择自己承受。我们作为创业者，无论是从经营各种关系、处理人际关系，到拉投资、资金链周转，无时无刻不需要顶着巨大的压力。

做事没有长性的人，建立起基本的构架只是创业的第一步，收获第一桶金也只是刚刚开始，之后我们还需要面对市场的冰山、融资的高山、转型的火山三座大山，如果不能做到持之以恒，那么也就注定会失败。

喜欢自由、受不了委屈的人。我们在打工的时候受到委屈可以申诉、可以辞职，但在我们创业的时候受到委屈也只能打碎了牙往肚子里咽。别人没有眼光，不愿意投资你；别人之前答应了你，又突然反悔；

别人单纯地不喜欢你，不愿意与你合作……面对这些，我们能做的就是承受。

总的来说，创业也是需要一种“天赋”，有些人确实不适合创业，如果一味地为了创业而创业，难免会撞个头破血流。

第三章 工作越是小心翼翼，越是出错

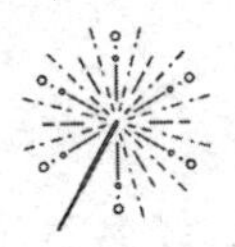

负向暗示力：你越怕出错，越会出错

民间有一句俗话叫作“怕鬼有鬼”，意思是说我们害怕什么往往就会遇到什么，我们担心什么往往就会发生什么。

我们越是害怕迟到，结果真的迟到了；我们越是害怕失败，结果真的失败了；我们越是害怕生病，结果真的生病了；我们越是害怕与人相处不好，结果真的相处不好……

这说的就是“墨菲定律”中的那句话：如果你担心某种情况发生，那么它就更有可能发生。

作为销售新手，杨旭虽然早就已经熟悉了销售流程以及推销术，但还是对自己缺乏信心，害怕自己做不好这份工作，导致在与客户沟通时不止一次地忘记自己接下来要说的话，甚至有几次还将产品的名字说错。

紧张的杨旭心里不停地提醒自己“不能出错”，却没有丝毫的作用，该错的地方还是会错。

我们不禁要问：为什么我们总是不能停止犯错？难道只是因为害怕，因为注意力过于集中就导致犯错？那害怕又是怎么来的呢？

害怕出错与犯错之间并没有必然的因果关系，但我们担心失败的时候，内心会产生消极的自我概念，这会让我们展现出失败者的面貌，不愿意付出百分百的努力，开始退缩，回避有可能发生的失败或者曾经面临过的失败。

从而那些“我可能会失败”的阴影会不停笼罩着我们，会再次强化自己会失败的自我概念。即使在整件事当中有些事是成功的，但是我们会在这种不断的自我暗示之中选择性遗忘，反而牢牢地记住自己失败的可能，并对此深信不疑，甚至会认为自己的成功是侥幸，失败是经常和容易发生的事情。然而，实际情况往往并非如此，只是自己的选择性歪曲。

1996年，摩洛哥运动员希查姆·艾尔·奎罗伊参加亚特兰大奥运会1500米决赛时，距离比赛结束还有整整一圈的时候，意外突然发生了，导致他与冠军失之交臂。

四年以后，奎罗伊在悉尼奥运会卷土重来，却在最后冲刺的时候被老将恩盖尼超过，再次与冠军无缘。

赛后他在跑道上痛哭：“我为了这个目标努力了足足四年啊，可怎么……”但是奎罗伊不肯放弃，于2004年再次参加雅典奥运会。

在决赛最后只剩下50米的时候，奎罗伊再次被反超，但是他及时调整自己的心态，克服之前的阴影，最终以0.12秒的微弱优势夺得这个期盼8年之久的奥运冠军。

犯错其实并不可怕，我们每个人都会犯错，问题在于我们怎么看待“犯错”这个事件。

那么我们如何才能正确地看待错误，避免“越怕出错，越是出错”这种情况呢？

首先，要坦然面对错误，从小我们就被告诫，要做对的事，却没有人告诉我们："在你做好某件事之前，你其实会先不断地犯错。"以至于我们认为犯错是可耻的，是因为我们不好所以才犯错，其他没有犯错的人是因为他们比我们优秀。可是事实上，那些我们看到总是表现正确的人，也都是经历过无数次的犯错和修正才能有今天的成果。

其次，不能为了避免犯错就干脆什么都不做。这反而是最差的解决方式，犯错是学习最快的途径，我们唯有尝试过，才能真的学习。真正认为自己有价值的人是会允许自己犯错的，因为并不会因为自己犯了错，自己就成为一个没有价值的人。相反的，只有认为自己没有价值的人，才会尽量避免犯错，因为他们的价值是建立在别人对他的评价之上，犯错对他们而言会被直接解释为别人对他的评价变差，自己对他人不再具有价值。

最后，我们应该明白，其实相比起那些"正确"，"错误"更显得可贵。"正确"是一个结果，"错误"却是一个过程，当我们不允许自己犯错时，我们也无法接纳别人的错误，久而久之就会导致我们思想僵化、自我局限。只有我们不断地犯错才会有进步的空间。

所以放开自己，不必再害怕犯错。

释放压力，越紧张越出错

在生活中我们常常会于压力之下而使得自己内心紧张，导致常常因此而出错。

然而我们越是对此表现出在意，我们就越是会让自己背负上巨大的压力，从而让自己陷入越紧张越出错的境地。

李少宇平时特别爱说话，但是一到大型场合就变得支支吾吾，甚至有时候紧张到一句话也说不出。

后来有一次领导让他上台做汇报，面对场下的领导们和同事，他满头冒汗，把之前准备要汇报的内容忘得一干二净。

面对领导几次示意他可以开始自己的演讲，面对几个平时相处不错的朋友不断向他暗示，他就是无法克服自己内心的压力。

我们在生活中常常会出现这样的情况，就是我们平时说话时侃侃而谈，但每当自己上台公开演讲时，大脑却一片空白。一旦站在舞台上，我们立即变得笨拙、反应迟钝，甚至忘了言语，会不自觉地感到颤抖。

为什么演讲总会有这样的反应呢？事实上，这在心理学叫作恐惧症候群。

从进化心理学的角度来看，人类通常对恐惧有两种反应：一种是隐藏自己，另一种是逃避。你看动物世界，面对凶猛的食肉动物，其他动物基本上也会采取这两种策略。

“文件的可读性和它的重要性是成反比的。”这句话出自墨菲定律的一个演化版本，意思是说很多非常重要、我们不得不去做的事情，其实做起来并不会让我们感到高兴，反而会让我们感到心里压抑，甚至产生抗拒心理。压力来自我们身边的各个方面，是难以避免的，但是过度的压力会导致自己在工作中心里紧张，导致我们工作出错，所以合理释放压力尤为重要。

首先，要学会适当地安排和计划。工作就会产生压力，同时压力也伴随着动力，我们要做的不仅仅是缓解压力、释放压力，有时候还要合理地利用压力，让压力能够成为我们的工作动力。这时候我们可以根据自己的压力大小来制订工作计划，让工作分摊到每一个短暂的时间段，这既可以提高我们的工作效率，又能将压力分摊开来，避免集中爆发。

其次，要学会缓解自己的压力。有时候我们工作的压力太大，仅仅分摊开来也无法避免，这时候我们就需要适当地缓解自己的压力。最常见的方式是保证自己有足够的睡眠，充足的睡眠是缓解压力的最佳方案。但如果我们的睡眠无法保证，可以选择做一些自己喜欢的事情，比如，逛街、看电影、看书、品尝美食……在我们做自己喜欢的事情的时候，就会不自觉地感到全身心的愉悦，我们感到开心，压力自然就会缓解。

最后，要学会用合理的方式释放压力。我们总会遇到某些情况，导致自己的压力达到一定的节点，这时候我们就需要将自己累积在心里的压力发泄出来，可以选择跑到空旷的地方大喊大叫、做大量的运动、参加搏击俱乐部……总之，就是在不影响他人的情况下进行一定的宣泄。

压力不可避免，但是压力所带来的紧张又会让我们在工作中不断地出错，所以我们应该对压力保持重视，利用压力，缓解压力，以合理的方式宣泄压力，避免被压力所困扰，从而使我们的工作更加得心应手。

苛求小事，结果耽误了大事

墨菲定律告诉我们：天才和愚蠢的区别是天才有它的局限性。

我们每个人的精力都是有限的，不可能做到面面俱到，我们都有自己擅长的事情，自然也有自己不擅长的事情。过度地苛求小事，苛求那些我们不擅长的事情，结果反而会耽误大事。

公司领导交给张大川一个任务，要求他做一个广告视频，宣传公司的新项目。

张大川欣然接受，心想自己的机会来了，暗暗发誓要做到最好，以得到公司的重视。

他先是在网上寻找大量的案例，学习他人是如何制作广告视频的，寻找自己的灵感。他拍摄了大量的素材，争取做好每一个细节的准备，防止自己在做视频的时候陷入没有素材可用的尴尬局面。同时他又对素材进行了严格的筛选，不断提高素材的质量。之后便是广告文案的策划，他为了争取一次通过，文案策划就做了十几份，并且每个创意都不相同。为了使广告看上去更加高大上，他决定给它加一个高端、有技术含量的片头，仅是这个片头就做了三天三夜。

就在张大川准备好了一切，正准备大展身手的时候，公司领导突然来向他要广告视频，张大川却无法交出。

“细节决定成败”这句话本身确实没有什么错，但是凡事都有一个限度，超过了这个限度，好事也会变成坏事。

我们常常说的“过犹不及”，其实就是这个意思。如果我们工作的时候，一双眼睛只是盯在那些小事上面，就会忽略了整体，从而耽误了工作这件大事。

所以，有时候我们为了自己的工作可以顺利地开展，要有意识地避免一些无关紧要的“小事”。

《鸿门宴》中有言：“大行不顾细谨，大礼不辞小让。”意思是想要做大事，就不必去顾虑那些细枝末节的小事，行大礼不必计较小的谦让。韩信因为不拘小节，甘愿忍受胯下之辱，才得以保全性命，才能在之后的楚汉之争中立下汗马功劳，名载史册；而我们熟知的诸葛亮，虽一世聪明，却太过于顾及小节，事必躬亲，管太多琐事小事，“军中罚二十以上必亲览”，最终积劳成疾，英年早逝，引得我们对此不少扼腕叹息。

我们都知道“捡了芝麻丢了西瓜”的故事，如果我们凡事苛求小事，那么我们就成了那个“丢西瓜”的人。

实际上，我们生活中存在着诸多矛盾，如果我们总是将有限的精力和心思去顾及事物的方方面面，就会导致我们无法分清主次矛盾，使我们陷入小事之中而错过大的方向。

所以，我们分要清楚主次、学会选择，学会在那些细节中做出取舍。

首先，我们要对自己的工作进行一定的规划，将重要的事情与不重要的事情分开，然后按照规划把重要的事情先完成，如果还有时间，便可以在此基础上去完善那些不重要的事情，尽量做到尽善尽美。

其次，我们要清楚地明白自己的优势、劣势，做自己擅长的事情，避免自己不擅长的事情。我们每个人能力有限，总会遇到一些我们想破脑袋也无法完成的事情，这时候我们应该尽量地避免，或者将这些事情放到最后来做。

最后，要保持良好的心态，放弃不必要的完美主义。虽说我们都渴望“完美”，但完美的事情其实并不存在，刻意地追求完美只会使得我们在小事之中迷失自己，从而错过了大事。

过度苛求小事，反而会分散自己大量的精力，放下小事，先做大事，有剩余的时间再回头来解决小事，这样才能避免我们在工作中因小失大。

过于依赖经验，也可能犯错误

“错错不会得对。一般要错上三四次才行。”

这句话是根据墨菲定律总结出来的，乍一听上去好像没有什么道理，但是细细品味，却又貌似能领悟点什么。

常言道：“吃一堑，长一智。”我们习惯犯错之后找出自己的错误，总结经验，认为这样就可以避免下次再犯相同的错误。

但是我们过往的那些经验并不一定可靠，或许是出于我们经验总结得不够完整，或许是出于自身所处的环境发生改变，导致我们过往的经验对我们起不到丝毫作用，甚至会影响我们的判断。

善于总结经验是一件有利于自己今后发展的好事情，但是过于依赖自己这些经验，不思改变，不想着根据自己所处的环境进行调整，那么往往会出现新的错误。

所以我们要做的不仅仅是总结经验那么简单，还要对这些经验进行分析，并且保持自己虚心求教的心态，时刻准备好根据自己所处的环境对自身所掌握的经验做出调整，这样才能保证自己的经验不至于“过时”，才有利于我们不断地进步。

朱晓晓毕业之后就一直在广告公司做视频剪辑，期间犯过很多的错误，也做出过许多成绩，自己也渐渐得到公司领导的赏识。但是朱晓晓并不满足于此，她选择进入自己家乡的电视台，从事新闻编辑工作。

开始的时候，朱晓晓也明白，自己过往的经验在这里可能起不到任何作用，如果自己不思进取可能会导致今后的工作无法开展。

于是她果断放低自己的姿态，虚心向前辈请教，努力学习他们在进行后期制作时候的一些技巧，甚至会主动跟着前辈出去采访，学习素材的拍摄。

就这样过去了3个多月，朱晓晓凭借自己过往的经验加上这几个月的学习，渐渐领悟出一套属于她自己的视频剪辑技巧，能够更快地完成上级交给的任务，慢慢地得到赏识。

俗话说："尽信书，则不如无书。"这句话对于我们总结经验来说也是行得通的。

我们自身所处的环境，每时每刻都在发生着细微的变化，或许我们感受不到，却不能一直保持过去的眼光来看待事物。

如果我们太过于依赖过去的经验，就会犯新的错误，所以，我们应该尽可能地避免这种情况的发生。

首先，我们应该以发展的眼光来看待问题，不能太过于遵循自己过去的经验。所谓"经验主义害死人"，其实说的就是我们太过于依赖自己过往的经验，不遵循事物客观的发展规律、故步自封、不思进取所致。就好比我们常常会因为饮食不规律而导致胃痛，那么当有一天我们莫名其妙感到胃痛的时候，就会习惯性地想到是因为饮食不规律。但实际上，胃痛的原因有很多，我们只有理性分析、对症下药，才能避免陷入"经验主义"的陷阱之中。

其次，根据自己身处的环境做出相应的改变。在不同的环境下，做出相同的举动会带来不同的结果。我们工作之中也是如此，每到一处新的环境，就需要在这个环境下进行一段时间的适应，这其实也是我们将过往经验与当前环境相结合的契机。就像我们被调职，就算我们的职位没有变化，只是单纯地换了一个工作环境，但是市场的不同，地域文化的不同，我们就会发现自己过去的经验在新的环境中并不完全适用，需要做出相应的调整。

最后，要虚心地向他人请教。我们不要因为别人没有自己优秀而瞧不起他人，每个人身上都有值得我们学习的地方，我们应该时刻保持一种谦卑的心态，时刻准备好向他人请教、学习，这样才能避免我们“经验不足”所带来的错误。

达・芬奇说：“经验不会犯错。只有过于依赖经验，才会判断错误。”

只要我们时刻保持谦卑的心态，虚心地向他人学习，将自己过往的经验与自身现处的环境相结合，那么我们就能够有效地避免因为过度依赖经验而犯新的错误。

控制错觉定律：我们总是会“自信地犯错”

我们总是会认为白领要比蓝领的工资高得多，可能在大多数情况下是这个样子，但是一些著名的蓝领会被各大企业争相聘用。

这其实就是典型的“控制错觉定律”，我们的某些认知会使我们在一些领域产生错觉，导致我们判断失误。

我们在工作之中总是会自以为是地认为自己能够了解其他人的想法，或者能够准确地把握自己所处的境地。但其实我们知道的只是其中的一部分，而这种错觉就会导致我们在工作中“自信地犯错”。

沈昊毕业后选择进入当地电视台成为一名实习记者。

经过长达半年的时间，沈昊终于迎来一次单独出去采访的机会，这次采访的是一个拒绝拆迁的家庭。

简单地采访了一下户主的儿子之后，沈昊就认定是拆迁公司没有将政策落实到位，导致拆迁户没有拿到相应的补偿。

当沈昊将自己的“如实报道”拿给领导看时，却遭到领导一顿猛批。

原来，拆迁公司的补偿没有丝毫问题，甚至还愿意私自掏腰包多做一些补偿，而户主也早就同意，只是户主的儿子贪心想要拿到更多的补偿。

所谓“自信地犯错”，顾名思义，就是我们从内心深处认可我们所犯下的错误，并不认为我们所做的事情是错误的，严重的时候甚至会固执地认为错的是其他人，自己不愿意做出相应的改变。

而我们之所以会“自信地犯错”，认为自己的做法没有丝毫问题，是因为我们所掌握的信息不够准确，有先入为主的观念，自身情绪化下失去辨明是非的能力，从而无法确保自己做出正确的判断。

霍恩科是一名软件工程师，工作的主要内容就是使公司的产品能够最大限度地提高客户舒适度。

霍恩科为了确保自己的软件能够被广大客户所接受，每次在设计之前，都会做大量的用户调研，确保对公司客户群体的喜好有一个基本了解。

霍恩科在闲暇之余会努力地提高自己的技术，确保自己的技术一直处于时代前沿，能够跟得上产品的更新换代。

霍恩每次做完项目之前都会对自己进行短暂的调整，确保自己有一个良好的心态，保证不因为自己的情绪而导致项目出现问题。

就这样，每次霍恩科所设计的软件总是能够大获好评，慢慢地，他本人也成了有名的设计师。

我们都知道守株待兔的故事，那个抓到兔子的农民，就是因为一次偶然现象而产生错觉，导致自己认为每一次都会有兔子撞到树上。

如果我们不能改变思维方式，规避工作所产生的错觉，那么我们就如同那个“农民”一般，自信满满地走入错误的泥潭之中。

我们应该如何做，才能正确地把握控制错觉定律，避免“自信地犯错”呢?

首先，我们应该保证自己所掌握的知识具有时效性，并且与时俱进，随时随地地更新自己的知识库。知识是具有时效性的，随着时代的变迁，工作方式也要进行相应的调整，如果我们在工作中墨守成规、一成不变，就会渐渐跟不上工作环境的变迁，导致自己被淘汰。

其次，避免先入为主的观念。我们看到一件事物的时候，不自觉地就会给它打上一个标签，也就是我们所谓的第一印象。我们的这种第一印象往往是片面的，当我们在工作中抱着这种片面的认知而去工作，失败就会不可避免。

最后，控制自己的情绪，避免情绪影响自己的判断。我们每个人都有喜怒哀乐，这是不可避免的，但是我们在工作中要学会控制自己的情绪。高兴或是愤怒的情绪，在某种程度上会影响我们对一件事的看法，学会控制自己的情绪，才能最大限度地避免因此而带来的错误。

学会控制错觉定律，注意这些错觉，改变这些错觉，甚至合理地利用错觉，就能最大限度地避免因为这些错觉而“自信地犯错”，从而使我们在工作的时候更加得心应手。

错误是不可避免的，贵在改进

在我们日常工作中，总是会不经意间犯下某些错误，我们常常为此感到懊恼。

其实完全没有必要，墨菲定律告诉我们：“不作决定的人是不会犯错的。”

只有什么都不做的人，才会不犯丝毫的错误，只要我们还是在工作，就不可避免地会犯错误。如果我们的眼睛只是盯着这些错误，惧怕它们，那么我们就会越做越错，越错越多。

错误是不可避免的，毕竟这也是工作中的一部分。我们想将自己的工作做到尽善尽美，这属于人之常情，也无可厚非。但是如果我们刻意追求这种“尽善尽美”，就会导致在我们眼睛所看不到的地方出现更大的错误。

我们每个人的精力都是有限的，发现错误、容纳错误、改进错误，这样我们才能取得更大的进步。

陈子琪是某公司的电话客服，主要是负责公司客户的电话接听与反馈。

一次在与客户沟通的时候，自己反复向对方说明产品没有任何问题，对方却是丝毫理解不了，执意要进行退货。

陈子琪只好说可以让维修人员亲自上门去帮助客户安装，客户却不肯买账，并扬言："我现在不相信你们，不想选择你们这个牌子了，你给我退货就行。"

陈子琪说得嗓子都哑了，对方就是不听，陈子琪一时气急，直接挂断了电话。结果第二天她接到了客户的投诉，主管将她叫过去进行了批评。

陈子琪仔细反思了一下自己的行为，认识到确实是自己的问题，于是她痛定思痛，决心改变自己的工作态度，不让自己的情绪控制自己，同时积极地学习同事的经验，努力避免下次再犯同样的错误。

一段时间以后，陈子琪果然没有再接到客户的投诉，就连之前投诉她的那个客户，也因为她勇于承担错误并及时地道歉而原谅了她。

除非不工作，否则错误与工作总是会息息相关，我们要做的不应该是总在想已经犯下的错误，这对解决问题没有丝毫帮助，而是应该多想一想如何避免下次犯同样的错误。

既然错误不可避免，那么在发生错误之后，我们应该想办法避免下次犯同样的错误。

首先，不要逃避自己所犯下的错误，要勇于承担后果，积极善后，尽量将损失降到最低。对错误的后续处理，往往代表了自己面临错误所持有的态度，消极的态度只会让我们变得爱逃避，变得唯唯诺诺。只有积极的态度才能保证自己认清错误，以便自己下次改正错误。

其次，要端正自己的工作态度，控制自己工作时的情绪。我们不希望身处于一个过度严苛的工作环境，但是过于散漫也不利于我们进入工作状态。我们要对自己的工作态度有一定的了解，根据自身的情况做出适当的调整，把握属于自己的工作节奏。

我们每天都应该保持充足的睡眠，保证自己第二天上班时拥有良好的精神面貌。每天出门应该暗示自己“今天又是美好的一天”，确保自己拥有一个愉悦的心情。

最后，我们应该虚心地向同事、领导请教，我们毕竟做不到全知全能，在面对错误的时候要虚心请教，只有知道自己错在哪里，才能保证自己改得正确。

俗话说：“人非圣贤，孰能无过。”不要过度着眼于工作中所犯的错误，只有正视所犯的错误，将其改进，才能使我们的工作更进一步。

第四章 你理财了，财也未必理你

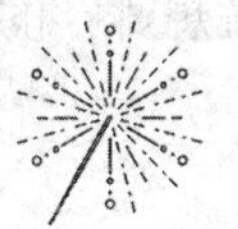

今天买了明天就想赚的投资心态最害人

“每件事总比你估计的要多花点时间。”

这句耳熟能详的话出自墨菲定律的核心观点。是告诫我们做事要有耐心，要经受得起前期的枯燥，这不仅仅应用于生活中，用于投资也是行之有效的。

随着我们身边出现越来越多“同龄人CEO”“同龄人老板”，我们的心思也渐渐活络起来，变得不再那么有耐心，开始急切地渴望赚到钱。

然而就是这种“今天买了明天就想赚”的投资心态，才有可能让我们在投资的道路上越亏越多。

小孙多年来一直在关注着股市，但因为手头没有本钱所以一直模拟炒股。直到2007年，看着股市全线飘红，身边的人整天讨论的就是谁的股票又拉了几个涨停板，谁又赚了多少钱。小孙终于按捺不住心中的激动，从亲戚、朋友那借了10万元，真枪实弹地“上阵”了。

小孙在经过很长时间观望、研究之后，终于认定某只钢铁板块的股票，将所有的钱全部买了这支股票。

但随后令他意想不到的是，证监部门发出通告，质疑该公司信息造假，小孙无奈只能选择割肉，这一笔就亏了4万元。

巴菲特曾经用过一个十分生动的例子来说明短线投资与长线投资的区别：“我们选择一支股票就如同选择一个女朋友。在我们不断与她约会的时候，会慢慢感受到她的与众不同，而如果在还没有深入地了解她之前，就断然地认为不适合抛弃她，然后去另找新欢，这显然是非常不恰当的，最终的结果也只能是你永远都单身，因此无论如何，专情都好过于滥情。”

在投资领域也是如此，那种耐不住性子，以为做短期投资受益比较大、并且相对安全的心态是我们最需要避免的。

我们都知道自己个人对市场的把控很难做到足够准确，很容易出现预测偏差，那么如果我们将自己的主要精力放在对市场的预判而不是个股的研究上的话，最终使自己的利益受到损失也是在所难免的了。我们反观巴菲特在投资市场上的行为，尤其在股票的具体选择上，他是完全摒弃那种见异思迁的做法的，他选股谨慎，持有则非常大胆。

巴菲特曾经十分幽默地对媒体形容道：“我体会到的是一个专情的人会比一个多情的人更幸福。”我们都知道，巴菲特持有一支股票在十年以上的情况是常见的，他在自己的传记《滚雪球》中记述，“他寻找的是优秀企业的股票。而且，总是能够在这些公司的股票处于最低的时候出手去购买，获得最大的利润。”保持对一支股票的长期持有，一直是巴菲特进行投资的基本理念。

我们通过一些他持股的年限就可以认识到这一点了：他持有美国运通公司的股票14年、美国加州花旗银行的股票15年、吉列公司的股票17年，还一直持有着麦当劳的股票18年、可口可乐的股票20年和华盛顿邮报的股票35年。由此我们看到，精心选股、长久持有可以说是巴菲特投资制胜的法宝。

学习巴菲特，在股票上实现长期巨大的收益，就一定要拿得住。记住，股票投资绝不是闪电战，而是持久战，最后的胜利在于坚持、坚持、坚持。

只是选对一只股票是不够的，要得到回报，还需要很多年时间长期持有。想得到的回报越大，需要持股的时间也越长，可能是几年、十几年，甚至几十年。对于成功投资而言，选股重要，持股同样重要。巴菲特长期持有的7只股票仅投资42亿美元，到2004年年底赚取了270亿美元，投资收益率平均高达638%以上。

投资不是一天、两天就能完成的小事，它需要一段酝酿的过程，我们要提高自己的专业知识，要对市场行情有一定的了解。投资看似是一个没有技术含量的事情，仿佛只要有钱就可以进行投资，但其实不然，投资也是一门技术，需要我们有足够的专业知识。想让自己投资到能够赚钱的公司或者产品，就需要努力提高自己的专业知识，使自己拥有独到的眼光与丰富的知识，把握广大用户的需求。

越是输不起的人，越喜欢下大赌注

我们抛出一枚硬币，理论上正、反面朝上的概率都是二分之一，那么当第一次正面朝上时，第二次还是正面朝上的概率就只是四分之一，第三次为八分之一……

也正是基于我们的这种认知，才会导致越是输不起的人，越是喜欢在造成损失之后加大投入，以期望能够挽回之前的损失。

然而这其实只是一种谬论，不管是第几次投硬币，正、反面朝上的概率都是二分之一，况且，现实之中其实并不存在理论上的“二分之一”，根据每个人习惯、力度的不同，这个概率也会发生一定的变化。同理，在我们选择投资的时候，也并不存在这个理论上的“二分之一”。

王虎阁年前开始进行股票投资，本来是只是抱着“随便玩玩”的心态，但谁知道玩着玩着就亏了十多万元。

但是他不死心，觉得自己一定能够赚回来，于是向好友借钱投资，却不想随着一次股市动荡，王虎阁又将自己借的钱赔了进去。

欠了一屁股债的王虎阁更加不愿意放弃，为了能够赢回来，偷偷挪用了公司的资金，本想着等自己赚了钱便填补回去，却没想到钱又赔了进去。

这个事情很快被领导发现，王虎阁也因挪用公款罪被告上了法庭。

墨菲定律派生出这样一个规律：别修理那些还没停工的家伙，不然的话你会把它整停工了而且还修不好。

我们的投资就如同是在修理机器一般，如果这个机器出了毛病，我们需要对它进行修理，如果这台机器在修理之后依然无法正常运转，就应该果断地放弃，否则无论我们投入多么大的时间、精力，也只是在做无用功，甚至这也会使后来浪费的资金完全没有任何意义，更不要说帮我们挽回之前的损失了。

不懂止损，为了挽回之前的损失，却又增加新的损失。不懂止损其实不仅是因为“不懂”，还因为损失会带来负面情绪，为了避免负面情绪，所以不惜投入更多来否认“我损失了”这个事实，而投入更多往往意味着损失更多。

越是输不起的人，越喜欢下大赌注，就是这种心理驱使下发生的情形。

在投资之中，我们越是损失惨重，就越是喜欢加大投入，以期望挽回之前的损失，其实起不到任何的作用，甚至这种“添油战术”还会导致自己的资金分散而无法做出有效的投资。

那么如何做到有效止损？

首先，我们要对自己有一定的预估，不仅要明白这次投资的上限，同时也应该准确地把握住投资的下限。我们可以参考同类的公司或者产品，参考市场的行情，准确地把握住这次投资的下限，对自己投入到什么地步有所了解，从而避免无限制的投入，以免最终形成所谓的“添油战术”。

其次，在把握住投资下限的同时，时刻做好止损的准备。这世上没有十拿九稳的投资，任何投资都是存在风险的，所以我们要时刻准备好面临损失，做好止损的准备。在必要的情况下，甚至可以采取弃车保帅的策略，果断舍弃已经出现的损失，而保证自己未动资金的安全。

最后，想从根本上改变这种局面，还要改变自己的观念，多读书，努力让自己变得大度一些，不要去想那些已经出现的损失。如果只是想短期缓解自己的心情，可以考虑做一些自己喜欢的事情，使自己忘记那些损失带来的内心纠结。

总而言之，“添油战术”对我们的投资起不到任何作用，甚至只能为我们带来更多的损失，要克服自己输不起的性格，不要盯着自己失去的，要让自己着眼于未来，这样才会做到有效止损。

回报率越高，赚钱的可能性越低

文件的可读性和它的重要性是成反比的。

这句话出自墨菲定律，意思是说，一件事情我们是否能够接受，与其本身的好坏是成反比的状态。

这句话用在我们投资之中也是可行的，回报率的高低代表了我们对这次投资的期望值，决定了我们能否可以接受，代表了我们所说的“可读性”，而赚钱的可能性则是决定实际能够拿到的收益，也就是我们所说的“重要性”。

我们所期望回报率高的投资，实际上可以拿到手的收益的概率也就越低。

庞竹峰在业务员的介绍下接触到P2P理财平台，介绍人承诺平台收益高到20%至30%，听得庞竹峰有些动心，便稍微拿出一些钱试试水，没想到果然赚到了钱。于是他加大投入，甚至借钱进行投资。

朋友知道后纷纷前来劝阻。奈何尝到甜头的庞竹峰根本听不进去，一门心思只想着一夜暴富，眼里只剩下高收益。

没过多久噩耗传来，庞竹峰所参与的这家平台将钱用于融资，结果接连几个决策失误，导致现在平台资金周转不开，只能宣布破产。而庞竹峰的也是亏得血本无归，为此还欠了一屁股债。

为什么会造成这种回报率越高，赚钱的可能性就越低的局面呢？

实际上这句话应该反过来解释，能够赚钱的投资，必然收益不会太高，而那些风险较大的投资，也必须给予比较能够引起他人欲望的巨大回报率。

参与投资的那些人，没有所谓的“傻子”，每个人都能认清形势。没有什么风险的投资，必然会引起大量投资人涌入，分蛋糕的人多了，自然收益就会减少；而那些风险较大的投资，愿意承担风险的人就比较少，最后成功获利的时候，所需要分配的人也会相应减少，收益自然就会提高。

这也就会造成我们之前所提到的那个局面：越是高回报率的投资，其赚钱的可能性也就越低。

白莉莉毕业后一直从事秘书工作，平时接触的也是一些做金融投资的老板，自己私下也会尝试做一些投资，但一直注意把控自己的本金。

一天老板看到她在做金融投资之后，便笑道：“你做投资也太小家子气了，这样你什么时候才能赚到钱，不如跟我一起做吧。”

白莉莉婉言拒绝，虽然她也知道老板做的投资收益很大，但是存在巨大风险，自己没有老板那样的资本，容不得如此挥霍。

就这样白莉莉一直维持着自己的“小本”投资，也不眼红别人的收益。

我们投资的时候要注意什么？

首先，我们在投资的过程中要保持理性，不要被外人所描绘的高收益、高回报率所迷惑，高收益必然会伴随着高风险。另外，千万不要去相信那些只有收益没有风险的投资。

其次，在投资的过程中要保持自主，要对行情有属于自己的分析。在银行买理财基金的时候，都会发现银行的宣传单上写着“请在不受他人干扰的情况下，自主选择理财产品”，这就是告诉我们，在选择投资的时候要保持自主性。投资是我们自己的事情，永远不要指望别人来为我们作出决定，虽然我们的专业知识可能并不达标，但是我们也不能确保对方就一定比我们更加了解。自己对自己负责，总好过把命运交给别人。

如果想追求高回报率，就要做好承受失败的准备。有些人的性格就是喜欢追求风险，喜欢追求那些所谓的“刺激”，如果非要赌博性地去追求那种高回报率的话，事先就要对市场做出足够的分析，确保能够对自己所投资的行业有足够的认识，防止自己被外人所描绘的假象所迷惑。同时我们也应该留下足够的资金用于满足我们正常的生活、工作，为自己留下一条退路总不是什么坏事。

其实，只要是投资都会存在风险，区别只是大小而已，想要获得高收益，必然面临高风险。有人喜欢稳健，有人喜欢冒险，这都无可厚非，只要我们牢记回报率越高的投资，风险越大，其赚钱的可能性就越低就可以了。

一投入资金，投资策略就会失效

我们在做事情之前，都喜欢制订出一些规划，对未来可能会发生的事情做出一定预想，然后严格按照自己的规划，达到自己预期的目的。

投资理财也不例外，大多数人都非常看重投资策略，如果一个投资项目不能做出明确的投资策略，那么我们一定不会对这个项目投入关注。

墨菲定律教育我们：规则不容易掌握，一旦掌握了，规则又变了。

我们之所以如此信奉投资策略，是因为这些策略包含了前人总结的经验，告诉我们怎么做才能更容易有所收获。但是这种总结的“经验”总会发生变化，也许从我们投入资金的那一刻起，原本所做出的投资策略就会失去效用。

我们在日常生活中，能够明显地感受到每天都有新的事物、新的想法涌现出来，能够感受到我们所处的环境日新月异，投资市场也是如此。

我们在选择投资的时候也要抱着发展的眼光去看待投资策略，不能墨守成规，更不能因为固执而不愿做出改变。我们要时刻明白，哪怕我们之前做出的投资策略再完美，也可能在实际运行中存在漏洞，因此要随着市场的变动而不得不做出改变。

陈道南之前投资了一家图书出版公司，开始一直出版传统图书，但是销量并不太好。

后来网络小说盛行，陈道南开始改变投资策略，一连拿下数位网络写手的作品出版权，终于使得出版公司有所起步。

发展了几年之后，陈道南意识到现在的年轻人更喜欢电子书，于是陈道南再次改变自己的投资策略，开始发行电子版图书。

再到后来，微信公众号盛行，陈道南再次做出大胆决定，建立属于出版公司的微信公众号，为书友推荐书籍。

陈道南的投资策略一直随着时间而发生改变。

正所谓“计划赶不上变化”，我们很多的投资策略，在做出投资决定的时候可能并不存在问题，但是在投资策略进行的过程中，总是会出现一些“天灾”或是“人祸”而使得计划出现一些变数。

这时候如果我们只是固执地继续执行自己之前所规划的投资策略，便会遭遇这些所谓的“天灾人祸”，这就需要我们及时调整策略。

首先，我们要做到与时俱进，学会接受新鲜事物。就如同我们之前所说，无论是我们所处的环境，还是我们所投入的市场，无时无刻不在发生着变化，这是我们所不能改变的。而我们能做的就是要学会找到其中最重要的那个“变化”，而后努力去让自己适应它，同时为这个“变化”做出改变。

其次，我们要时刻关注自己所投资的项目，时刻保持对行业的敏感性。所谓“物竞天择，适者生存”，各行各业都在不停地发展，我们所投资的项目如果想在最后有所收获，就必须能够跟上这种发展。这就需要我们时刻保持行业敏感性，追踪自己所投资项目的进展。

要学会变通，投资是想要得到最后的结果，而不是其中的过程。所以我们在投资的过程中发生意外，或者是遇到难以解决的问题时，应该想到的是如何跳过这个问题，解决这个问题。

最后，我们要学会做好每一步规划。我们在投资之前确实应该做好投资策略，这能够规范我们的投资行为，能够明确我们投资的目的，能够使我们的投资思路更加清晰。但是我们在心里也不能太过重视这些投资策略，要时刻对自己所做出的策略进行评判，以达到符合实际投资情况。

总而言之，在我们投入资金的那一刻起，就要时刻做好投资策略会发生变化的准备，与时俱进，时刻对自己的投资策略做出改变，这样才能让我们投资的道路走得更加平坦。

投资理财，盲目从众让你损失惨重

听说黄金涨了，大家一窝蜂去买黄金；听说比特币值钱了，大家一起涌向了比特币市场；听说微信公众号火了，大家开始转向了网络投资……墨菲定律却告诉我们：一些人喜欢按图索骥，甚至有时他们都不知道是谁画的图，画得是什么图。

我们在投资理财的过程中，常常无法确认自己的选择是否正确，而为了保证自己的“正确性”，我们去选择他人所明确指出的这种“图”，强行压制住自己内心的疑惑，时刻暗示自己“都是这么做的，怎么可能出错”。

这种盲目从众的心理，往往使得我们在之后的投资理财中损失惨重。

王文博的朋友来找他，说现在股市前景一片光明，只要随便投一只股，就能赚钱。

王文博本来不愿意接触股票，但是架不住朋友天天在耳边念叨，于是决定先投入点钱试一试。

结果没想到这一试还真赚到钱了，于是便听从朋友的建议，加大投入，甚至不惜借钱去炒股。

就在王文博幻想着自己一夜暴富的时候，他所投资的那支股票出了问题，短短五天时间内暴跌30%。

我们不能确定自己的想法是否正确，所以我们尝试听从大多数人的意见；我们害怕承担后果，所以不敢独立做出选择；我们不敢面临因为自己的选择而失败，所以甘愿去尝试他人的说法，在失败后为自己开脱：我们只是听从了他人的意见才会失败，我们也是受害者。

在20世纪70年代美国股市处于低迷时，美国著名报纸《华盛顿邮报》每况愈下，所处的境地令人担忧。很多投资者都以为此时的《华盛顿邮报》已经病入膏肓，无药可救了。以至于《华盛顿邮报》的股票在短短一周的时间内大幅缩水。

就当人们都在庆幸自己在它倒下前侥幸地逃过了一劫时，巴菲特却出人意料地出资购买了《华盛顿邮报》大量的股份，成为该报的第一大股东。

他的行径引来了人们的质疑，人们纷纷认为“股神”是在拿钱往火里扔。

然而，时间证明了一切，随着美国经济的复苏，《华盛顿邮报》在沉默了几年之后重新焕发了生机，短时间内再次成为美国传媒界的霸主。

而巴菲特也因此获得了丰厚的回报，在这次投资结束时，《华盛顿邮报》以将近50亿美元的股价总额回报了这个当初在关键时刻选择相信它的人。

产生盲目从众最大的原因之一，就是信息的引导性。在投资理财的过程中，因为我们对于某个行业的不了解，只能从他人的口中得到消息，而这种经过他人传播的消息，不可避免带有他人的主观意向，这种主观意向会在潜移默化中影响我们的判断。

所以，确保我们得到足够的信息，做好全方位调研，避免自己信息的来源单一就显得尤为重要。我们在投资理财之前，要想对投资的行业拥有足够的了解，仅依靠他人的口述不免有失偏颇，最好的办法就是自己做好全方位的实地考察，多向不同阶层做出了解，最大限度地避免他人给我们带来的影响。

要对自己保持自信，避免被外界因素所影响。拥有足够的信息只是我们投资的自信的基础，想要真正地做到这种自信，还需要我们有足够强大的内心。只有我们能够保持自信，才能保证对自己所做出的投资选择进行维护，坚定不移地去执行，做到不为外界环境所干扰。

我们不妨多尝试独立思考，相信自己的独有性。我们在选择投资理财的时候应该保持自己的独有性，学会独立思考，不能人云亦云。世上没有两片相同的树叶，我们就算与对方做出相同的选择也不一定会有相同的结果，别人适合的方法不一定适合我们。

我们自己的事情不能指望别人来帮助解决，放弃自己盲目从众的行为，学会独立思考，做出适合自己的判断。

第五章 你担心失去爱情，结果真的失去了

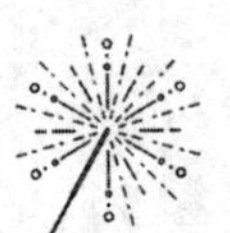

完美的爱情是不存在的

怎样的爱情才称得上完美？

是像司马相如与卓文君那种一曲定情，当垆卖酒？

还是像郁达夫与王映霞那种一见倾心，风雨茅庐？

或者是像陆游与唐婉那种青梅竹马，相濡以沫？

或许每个人在心中对完美爱情的标准不一样，但都不能改变我们对爱情的向往，然而就如同墨菲定律中说的那样：如果今天看上去完美的话，明天将是终结。

完美的爱情存在吗？

司马相如心生两意，卓文君一首《白头吟》并附《诀别书》为世人传颂；王映霞被郁达夫猜忌，以一篇《一封长信开始》彻底决裂；陆游与唐婉更是好事难成，最终两首《钗头凤》共诉凄苦。

林珊是个标准的文艺少女，对爱情的标准是宁缺毋滥，家里多次催婚，都遭到她的拒绝。

她在参加一次艺术博览会时结识了同为艺术青年的徐俊聪，两人一见倾心，再见定情，迅速坠入爱河。

无论是林珊还是徐俊聪，两人都认为找到了属于自己的爱情，认定对方就是自己的另一半。两人一起游山玩水，一起参加画展，一起写诗，一起读书……然而好景不长，仅仅两个月两人便发生了争执。林珊最喜欢的作家是徐志摩，认为林徽因错失良缘；徐俊聪却喜欢林徽因，认为徐志摩与陆小曼风评不行。两人为此还大吵一架，虽然和好，却也在两人心中扎了一根刺。

之后两人的分歧越来越多，从诗词歌赋、才子佳人的矛盾，也逐渐地转移到了生活方面，互相看对方也没有之前那么顺眼。最终两人都无法忍受对方，提出分手。

哈佛积极心理学教授泰·本对于完美爱情的看法是这么说的：“完美的爱情确实稀有，因为作为一个爱人，需要你一直有智者的明锐，儿童的灵巧性，艺术家的感性，哲学家的领悟，圣者的包容，学者的宽容与笃定者的刚毅。”

那么有人能做到这些吗？显而易见，这是不可能的，完美的爱情，也是不存在的。

就如同泰·本认为的那样，“真爱存在于平凡人之中。”

确实，我们在恋爱过程中必定会产生争执，所有之前被忽略的缺点、弱点都会在这时展现出来，但这也并不能抹去我们身上的美德，我们的热情和共同经历的美好时光。

刘颖爱幻想，做事不切实际，性子比较随性，对于家务向来是想起来就做，想不起来就不做。后来与不善言辞的杜成明认识，两人感情迅速升温，很快成为恋人，马上就到了谈婚论嫁的地步。

刘颖不喜欢做家务，杜成明对此却不以为意，常常对刘颖说“不想做就别做”，但是私下总是将家务做得井井有条。

杜成明嘴笨不太懂浪漫，刘颖就常常主动为杜成明制造一些小浪漫，每次都让他格外的感动。

墨菲定律告诉我们，完美的爱情只有一种，不完美的爱情却成千上万，想要得到完美的爱情，就要将这些“不完美”统统避免。

就算我们可以到达泰·本所说的那种理想状态，我们又怎么能保证自己的另一半也达到这种理想状态呢？

一味地抱怨自己的爱情不完美，倒不如小心翼翼地维护，谁又能保证这段感情不是自己的最终归宿？

或许那些接受存在瑕疵的爱情，也能称得上一句“完美”吧。

偷看爱人的手机，一定会发现“惊喜”

都说恋爱中的人极度敏感，我们在恋爱的过程中总会在某一个时刻、某一个地点，莫名地心血来潮，没有原因地怀疑或者想要了解自己的爱人。

这个时候为了避免爱人知道后的不快与尴尬，有的人就趁着爱人不注意，偷偷地查看爱人的手机。

然而事情的结果往往就如同墨菲定律中描绘的那样，当我们怀着“爱人的手机里一定有不可告人的隐私”的心态去偷看爱人手机的时候，就一定会发现自己意想不到的“惊喜”。

林敏是个极度缺乏安全感的姑娘，无论男友做什么，林敏都想第一时间知道，男友稍稍有些不合自己心意的举动，就会认为男友不再爱自己了。

一天闺密告诉林敏，看见林敏男友与一位陌生女子一起走在街上，两人有说有笑。林敏一听心中就紧张起来，送走闺密后就给男友打了个电话，询问男友在哪里。

“我在公司开会，一会儿再聊。”男友很快挂断了电话。

林敏开始对男友产生怀疑，晚上趁其不注意偷偷查看了男友的手机，结果没想到真的在手机中看到了自己不想看的信息。

男友在微信上接连几天一直在与一个叫“她的心意”的女子联系，两人的聊天记录充斥着大量男友所做的甜点与女子品尝后的赞扬。

林敏拿着手机质问男友，男友一看手机也明白了过来，与林敏争吵了起来，随后两人分手。

很长一段时间过去后，林敏才知道“她的心意”是本地一家甜点屋的名字，自己的男友之前总是在业余时间去这家甜点屋学习制作甜点，不告诉林敏也只是想在生日上给她个惊喜。

很多人认为，“让不让自己查看对方的手机”已然成为“对方爱不爱自己”的一条重要标准。

某家报社近日就“你会不会查看恋人、爱人手机”的相关问题进行了网上问卷调查。结果显示，有80%的网友表示看过对方手机，这其中有41%的网友是出于好奇，19%是因为疑神疑鬼。

而有70%的人表示反感自己的手机被查看，同时都在不同程度上存在因为手机被查看的问题产生矛盾。

显而易见，偷偷查看爱人的手机，对于两人关系的发展起不到任何实质性的帮助，甚至还会因此而产生怀疑及矛盾。

况且我们每个人都会有属于自己的小秘密，哪怕是再亲密的人也不想让他（她）知道，如果我们随意翻看恋人的手机，就很有可能翻出恋人的“黑历史”，这会让我们与恋人彼此之间无法再怀有平常心去面对对方，严重的导致彼此的感情破裂。

比如，我们以前可能做了错事，或是做了对不起别人的事情，这件事给对方造成伤害的同时也会让我们心生愧疚。我们会将此放在自己内心深处，不愿意再被翻出来。如果我们在翻看对方手机的时候，看到对方这些“黑历史”，那么对方就不知道应该以怎样的心态来面对我们，从而使得彼此之间产生隔阂。

手机在给我们带来方便的同时，确实在有意或是无意之中存在一定的不想被他人知道的隐私，我们在查看爱人手机的时候，不免会触及这些而产生误会。

或许有人说，哪有这么巧的事，怎么可能会有这么多误会，墨菲定律告诉我们：哪怕事情只有百分之一的可能朝着变坏的方向发展，那么它就有可能变得更糟糕。

当我们想要翻看爱人手机的时候，如何做才能使两人关系得到更好的发展呢?

首先，大多数想翻看爱人手机的情况，是出于怀疑或者其他什么原因，按捺不住自己的好奇与冲动。其实如果对方真有什么不想让我们看到的信息，就算是把手机拆掉也不会让我们找出来的，能找到的也都是对方认为不算隐私的内容，所以大可不必这么麻烦，只要说上一句“我想和你谈谈”就可以解决大多数的问题。当然在“谈”的过程中一定要控制好自己的情绪。

其次，在已经偷偷查看了爱人手机的情况下，要主动告诉对方自己只是太想了解对方了，恳求对方的原谅，表示自己以后不会再这么做，希望对方也能与自己主动沟通。

最后，就是做到相信对方，如果我们表现出对爱人的不信任，那么两人之间难免心生隔阂，使两人的关系朝着更坏的方向发展。

遇到事情多沟通才是解决问题的途径，试图通过看爱人手机这种方式处理问题，只会让“惊喜”毁掉两人的关系。

为什么付出越多越得不到回报

“为什么我为他付出那么多，他最终还是选择离我而去。”

在恋爱的过程中，总是会有人真心付出，处处为对方着想，不惜改变自己，甚至不顾一切。

然而一切就如同墨菲定律中所说的那样：事情不会总朝着你期望的方向发展。

我们付出得越多，就越是得不到回报，最后也只能感叹一句“遇人不淑”，并在心中发誓以后再也不会真心付出了。

李小麦与男友在一起已经7年了。

李小麦为了维护这段感情付出了很多，在这7年的时间里，李小麦对待男友比对自己都要好，雨天送伞，上班送餐，为了能与男友朝夕相处，放弃了在大城市五百强企业工作的机会，和男友在一起期间还遭到父母强烈的反对，可是她死心塌地，不惜和父母闹翻。

可就是这样，两人还是没能走到一起，男友最终选择离她而去，与一个认识不到一个月的女子走到了一起。

李小麦对这件事情怎么也不能接受，她无法理解为什么自己对男友长达

7年的付出，最终却敌不过一个认识还不到一个月的女子。

在恋爱中我们常常会陷入一个误区：我们付出越多，对方就越不会离开我。可是事实恰恰相反。

两性关系，有另外一个名称，叫亲密关系。为什么叫亲密关系，而不是责任关系、付出关系、义务关系呢？

顾名思义，如果把两个人的感情比喻成一条河流的话，那么维持这条河流畅通的，一定是情感的流动，如果没有情感的流动，河流就会干涸，两个人的关系就会走到尽头。

我们往往在大多数情况下，维持双方恋爱关系的早已不是亲密关系，只是责任关系、义务关系、亲情关系。

这种关系往往经受不起时间的考验，时间越长越容易崩坏，这也就是我们所说的"付出得越多越得不到回报"的主要原因。

王曼喜欢摄影，崇尚自由，喜欢到处旅行并且在社交媒体上分享自己的见闻。

后来经过家里介绍认识了男友，男友是家乡某公司的经理，一直希望王曼能够回到家乡寻找一个稳定的工作。面对男友的请求，王曼考虑再三还是决定坚持自己的想法。

后来王曼的作品渐渐被流传开来，开始有杂志社向她发出邀请，这时王曼选择了一个地处家乡的杂志社，这样既可以长时间陪自己的男友，又可以坚持自己的理想。

没有人愿意总是付出却得不到回报，感情方面却向来不是平等的。如果我们的付出只是单单为了得到对方的回报，那往往就会陷入墨菲定律之中：

付出得越多越得不到回报。

那么我们应该如何做才能做到正确的付出呢？

要掌握正确的付出方式。

如果一段感情只有自己一味地付出，而对方对于这段感情没有丝毫的参与，甚至是有时候想参与都参与不进来的时候，对方对这段感情自然不会珍惜，甚至有时候会因为自己没有参与感而产生厌恶。

所以我们要在适当的时候让对方也参与到彼此感情的建设之中，尤其是在对方要主动参与进来的时候一定不能拒绝对方、打击对方，要给予对方足够的信任与理解。

我们很多人不清楚自己所付出的是否是对方想要的。这就好比对方只是想吃些饭后甜点，我们却二话不说为对方摆上一桌满汉全席，这样对方怎么可能承我们的情呢？

所以我们要做的是多与对方进行沟通，不要用自己想当然的方式去爱对方，一定要明白对方的需求。

不要让付出成为道德绑架的工具。因为你有恩于我，你付出了很多，所以我就要爱你？

这明显是有些本末倒置，正确的顺序应该是因为我们彼此相爱，所以我们才会感觉快乐，因为感到快乐，所以我们才会感恩对方，从而真心地为对方付出。

所以在恋爱中千万不要用自己的付出去“绑架”对方，我们要让对方感受到我付出是因为我爱你。

所谓“赠人玫瑰，手留余香”，付出绝对不是一种感情式的道德绑架。

只要我们明白这一点，同时让对方也感受到我们的心意，再加上掌握适当的方法，相信自己的付出总是不会白费的，迟早有一天也会得到对方的真心“回报”。

为什么两情相悦的人不能在一起

《大话西游》中有一句台词："世界上最遥远的距离，便是两人明明彼此相爱，却不能在一起。"

这句话一经传出就广为传颂，无数人为之落泪，无数人感同身受，每个人都会不经意间自问："为什么明明两情相悦的人，往往不能在一起。"

这就如同墨菲定律中所说的那样：事情远远要比你想象中的复杂。

所有人只看到了"不能在一起"，却从来没人细想过，那些在一起的又是因为什么而分开。

顾指柔与男友第一次见面源于在文化街上的一场误会，富有戏剧性的相识，加上同为爱好文学的青年，两人迅速地就从相识跨越到了相恋。

恋爱后的两人一起旅游，一起写诗，一起放声歌唱，一起共诉愁肠……总之，两人一直过着羡煞旁人的文艺生活，仿佛每天都有说不完的情话。

然而好景不长，仅仅在两人决定同居的第二天便产生了矛盾。

男友在家里的生活极其单调，没有鲜花，没有惊喜，每天只是在家里进行着创作，顾指柔无法忍受这么平淡的生活，几次向男友提出抗议却遭到拒绝，顾指柔虽然表面没有说什么，却已心生不满。

随后的日子里，两人的矛盾变得越来越多，顾指柔埋怨男友的邋遢、不注意形象，男友却说她爱慕虚荣；顾指柔埋怨男友没有情调，男友却说她多愁善感、动不动就哭；顾指柔说男友不懂生活，男友却说她铺张浪费……

随着两人无法解决的分歧越来越多，最终只能无奈分手。

我们身边总是会遇到这样的情况：有些人明明看着很般配，恋爱时两情相悦，爱得死去活来，在一起生活后却因为种种原因而天天争吵，甚至有时候发展到无奈分手的局面。

我们不禁要问，为什么有时候有些人不那么相爱都能走到一起，而两情相悦的人往往走不到一起呢？

爱情存在着不公平性，因为没有一个人会付出和对方一样的爱，毕竟每个人对爱情都有自己的看法，对爱情也都有自己的理解。

那么如果相爱的两个人中一个人付出了许多，想要收获等同于自己付出的爱情怎么办？

显而易见这是不可能的，因为爱情观的不同，爱情不可能达到所谓的“收支平衡”，这种情况长期下去就会产生自认为不公平的爱情，这样就会使两人的矛盾越来越多。

另外往往两情相悦的人都会深陷爱情之中，他们往往眼里只能容得下对方，都会付出自己对对方最大的爱护，完全不顾旁人的反对，认为有了爱情就有了一切。

然而爱情并不是万能的，它代替不了亲情，代替不了朋友，甚至代替不了生活中的任何必需品。

如果想当然地认为，只要有了爱情，就不需要任何其他物质和精神方面的追求，那么不管怎么样的两情相悦总会出现缝隙。

两情相悦的人大多经不起平淡。恋爱的时候需要浪漫，可以轰轰烈烈，但决定在一起过日子更多的却是因为责任、信任，需要平淡的生活。

大多数两情相悦的人最终没能走到一起，都是因为无法忍受生活的琐碎，无法忍受那些所谓“鸡毛蒜皮”的小事。但是生活恰恰是由这些琐碎的小事所组成，无法做到相互珍惜，为对方着想，忍受生活的平淡，自然无法在一起。

不要再抱怨“两情相悦的人为什么往往不能在一起”这种毫无意义的话了，如果爱对方，就要做好回归平淡、与对方一起迎接生活的点点滴滴的准备。这样，两情相悦的人才能够做到真正地在一起。

一次不忠诚，就会让一切都变得可疑

我们常常会听人说起：“一次不忠，百次不容。”

这句话的意思就是在婚姻或是爱情之中，如果两个人中一方做了对不起对方的事情，那么他无论今后做什么，都会引起另一方的怀疑。

为什么会造成这种现象呢？

墨菲定律中的这句话为我们做出了诠释：“在花园里造成麻烦的不是树上的苹果，而是那双在地上的脚。”

我们的婚姻就如同花园里的草坪一般，我们没有经受住诱惑而偷吃了苹果，其实是在践踏我们自己的爱情，就算能够得到对方的原谅，却也在爱情上留下了痕迹。

朱莉和男友本是青梅竹马，关系一直很好。

后来两人在不同的城市上大学。有位同学一直暗恋朱莉，甚至在知道她有男友的情况下也不肯放弃。朱莉有感于对方的坚持，常常与对方一起出去，一来二去两人关系也有些暧昧。

后来这件事情传到男友耳里，两人为此大吵一架，朱莉急忙向男友道歉，恳求男友的原谅，男友最终虽然选择原谅朱莉，但是这件事情成为两人心中的隔阂。

从此之后每当朱莉单独与异性出去，男友就会怀疑，甚至几次闹到差点分手的地步，渐渐地两人都感到有些疲惫，在一次争吵之后选择了分手。

在爱情中，我们对自己犯下的错误，总是会有着各式各样的理由去解释，以期望能够得到对方的原谅。但是如果就这么轻易地得到了原谅，就会使我们的错误失去"成本"，会产生一种"反正他会原谅我"的想法，从而导致更加肆意妄为。

同时，这种一次的不忠诚，严重破坏了两人之间的信任，就算对方选择原谅，那么日后如果发生类似的事情，对方的脑海中就会不自觉地回忆起这次的不忠，心里的报警功能会不停地提示注意防范。

那么我们如何做才能避免一次不忠诚，防止对方变得可疑自己这种局面呢？

维护对方的信任，最好的办法就是保持自己的忠诚。

首先，我们要做到对自己的另一半有足够的爱，只有我们爱对方，才会愿意为对方恪守自律，甘愿为了对方而拒绝所有的诱惑，毕竟想要抵御诱惑也不是什么容易的事情。因为爱对方，所以才想维护彼此之间的感情，那么我们也就不愿意做出破坏彼此关系的举动，就算面临再大的诱惑，也会在心中再三犹豫，考虑得失。

其次，要及时沟通，让两人对彼此的关系保持责任感，要对彼此的关系有担当。都说爱情是神圣的，但这种神圣需要两人共同地珍惜与维护。这就如同划船一般，只有两人共同努力才能保持直线航行，一旦其中一方选择放手，那么这艘名为"爱情"的小船就会偏离航向。

我们可以尝试着暗示对方不可替代，保持两人在一起的"新鲜感"。我们会因为衣服穿得太久而去超市买件新衣服，却不会因为左手用的时间太长而去医院做移植手术。爱情也是这个道理，只有我们不停暗示对方的独特性，暗示彼此都是不可替代的，自然会为了维护彼此之间的关系而去避免那些不忠的事情。

同时，保持新鲜感会让彼此的爱情更加长久，如果两人在一起感受不到丝毫的乐趣，那么迟早也会因为其他原因而导致分手，只有彼此在一起能够感受到舒心，才会使我们真心地去维护彼此的感情。

不要存在侥幸心理，认为就算自己的一次不忠也没人知道。如果还想要维护彼此关系的话，就不要有任何不忠的行为。

动不动就说分手，总有一天会变成真的

在生活中，有一些情侣之间会出现这样的情况：经常会在生气的时候对自己的伴侣说出“分手”这样的气话，或是利用“分手”这样的语言来威胁对方，以期望对方妥协或者让步。

然而事情的结果往往就会如同墨菲定律中说的那样：如果不想分手，就一次都不要提。提了第一次，就肯定有第二次，最后分手就成真了。

当对方因为厌倦而没有做出相应回应，或是没有选择挽留同意了分手之后，两人就真的彻彻底底地分手了。

林国忠和陈娇是一对儿，林国忠先追的陈娇，平时对她也是百依百顺。明眼人都看得出来，林国忠很爱陈娇。但是，情侣之间总会有些小吵小闹。

每次吵架都是林国忠先妥协，陈娇则大声嚷着要分手，最终都以林国忠低头认错，两人和好而告终。

尝到“甜头”的陈娇越来越喜欢把分手挂在嘴边，稍有不顺心就嫌这嫌那，威胁分手。其实她的心里并不想分手，只是习惯了，说分手总能得到她想要的。

林国忠开始也是顺着她的，各种讨好。但是泥人也有三分火，很多时候林国忠还不知女友因何生气时，她就开始说分手。

“明明是她的不对，她还理所当然，说什么受不了那就分手啊。”

林国忠跟陈娇说了很多次，不要动不动就提分手，这让他很没安全感。但陈娇并没有放在心上，她笃定了林国忠会妥协，总是用分手肆意挥霍两人的感情。终于有一次，陈娇又说要分手时，林国忠说了一句“好”，然后，任她如何挽留，林国忠依然坚决地离开了。

在我们身边有很多男女朋友吵架时，总是口不择言，喜欢轻易说出“分手”二字。当然很多人会说：我们没有真的要分手，不过是吓唬吓唬对方罢了。

又或者说对方之前的某些行为给了自己某种错觉，那就是只要自己提出分手，他就一定会认错。自己心中笃定对方对这段感情很重视，于是才会这么有恃无恐地将对方对自己的感情当作一种谈判的筹码。

在我们的认知里，感情和善良都是不能被当作筹码拿去谈判的。那些总是习惯把分手挂在嘴边的人，也许并不愿意看到对方听了自己的话，真的和自己彻底地分开。他们也不会意识到每说一次分手，就等于他们之间的感情又被透支了一次。

就像是那个喜欢说狼来了的孩子，他一次次地透支着人们的善良，到最后却不得不自食恶果一样。有一天，狼真的来了，善良的人们却一个也没有出现。

感情亦是如此，当我们反复对恋人说分手的时候，无疑是在反复挑战恋人的耐心，反复消磨对方对我们的情感。再牢固的感情，也经不起一次次地去敲击、推打。

况且，随便地向对方说出分手，本身就是一种自己不够成熟的表现，只能证明自己的内心不自信和幼稚，想通过这样的方式来获得对方的关注而已。

因此，这种情况必须极力避免。首先要改变自己内心的不自信，让自己成长起来，正视自己的问题。

这种问题的发生也与两人之间的沟通出现问题有着相当的关联。要多和对方沟通，寻找两人之间的感情问题到底出在哪，平心静气地将问题解决，甚至互相都可以做出让步。而不是一味地用分手做威胁，强迫一方单方面地做出让步。这样也许能解一时之快，但留下来的问题是后患无穷。长此以往，只会使问题变得更加严重，迫使一方走入情感的另一个极端，最终的结果就只能是分手。

所以，如果不爱了，及早“不相见”。

如果还相爱，便不要动不动说分手。

第六章 命运很顽皮，你想往东它偏偏往西

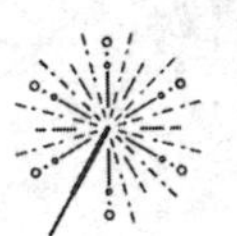

与其在乎别人评价，不如努力做好自己

生活中我们会发现一种现象：无论我们做的饭有多么美味，总是会有人不喜欢吃；无论我们是什么样的人，总会有人不喜欢我们……

这就和“墨菲定律”中的那句话一样：每个解决办法都会衍生出新的问题。

我们让其中的一个人喜欢上自己，同时也就会让另外一个人讨厌自己。

这种现象是我们无法避免的，这也和我们本身做错与否没有任何关系，无论我们做出多少改变都会有人不喜欢。

之前看到过一个这样的故事：

从前有一位画家画出一幅自己非常满意的画，他拿到市场上去展出。画旁放了一支笔，并附上说明：每一位观赏者，如果认为此画有欠佳之处，均可在画上做上记号。晚上，画家取回了画，发现整个画面都涂满了记号，没有一笔一画不被指责。画家十分不快，对这次尝试深感失望。

画家决定换一种方法试试。他又画了一张同样的画拿到市场展出。而这一次，他要每位观赏者将其最欣赏之处标上记号。当画家再取回画时，发现画面又被涂遍了记号，曾经被指责的地方，如今却都换上赞美的标记。

在日常生活中，总有我们不喜欢的人，也总有人不喜欢我们。

这都很正常，也无法避免，况且我们即便是将事情做得很完美，也会有让人感到不称心如意的地方。所以好不好是一回事，喜不喜欢是另一回事。

杜诗韵做事一向是我行我素，不太在意别人的看法。她本身是个标准的御宅族，经常没事就喜欢研究宅文化，模仿一些自己喜欢的人物。杜诗韵的同学大多数是一些比较保守的人，非常不理解她的种种“怪异”行为，甚至有些人会在背后说她精神不太正常，但杜诗韵不以为然。

后来杜诗韵在一次兼职招聘的广告上看到会展中心正在招聘COSER，她就自告奋勇地前去应聘。

在兼职的过程中认识了许多志同道合的朋友，后来几个人又一起成立了工作室，从事动画、游戏、轻小说的创作。

当杜诗韵在行业圈中小有名气的时候，她过去的那些老师同学也渐渐地对她的行为表示了认可。

正如没有一幅画是不被别人评价，也没有人是不被别人议论的一样。

好比，自己要是沉默寡言，就会有人指责难以相处；自己要是善于健谈，就会有人指责夸夸其谈；自己要是赞美别人，就会有人指责别有用心；自己要是善意批评，就更会有人暴跳如雷，认为缺乏教养、多管闲事。

所以，与其每天花费大把的时间在乎别人对自己的议论，倒不如努力去做一些自己喜欢同时让别人羡慕的事情。

累了就去听几首歌放松，烦了就去楼下跑跑步；焦虑了就去洗把脸清醒一下。爱的人爱不到，就先爱自己；等待的人还没来，就先做自己喜欢的事。

我们本身就是一本书，又何必非要去当别人的书签。

左宗棠在一首诗中写道："能受天磨真铁汉，不遭人嫉是庸才。"

只有一无是处的人没得可说，越是出色的人越会被人说。我们的日常生活中没有不被评论的事，也没有不被评说的人。

别人说什么我们无法去控制，但我们可以保持一颗淡然的心去看一切纷扰。心静才能听到万物的声音，才能看到万物的本质。沉淀自己的心，静观事态变迁。

有人说世上最美好的事就是，耳机音量刚好能盖过外界的噪声，闹钟响起时刚好醒，下雨天刚好带伞，饿了刚好开饭，困了刚好身边有张床。

都说难得糊涂，我们不必去理会别人背后是怎么评价自己，我们只要做好自己，不去理会那些不喜欢自己的人，见面时"哈哈"一笑，转身便互不相干。

你越想快却越会慢

在《万万没想到》中，白客饰演的王大锤总是喜欢幻想，最常说的一句话是："不用多久，我就会升职加薪，当上总经理，出任CEO，迎娶白富美，走上人生巅峰。"

每次看到王大锤这么说，我们也只是当作一个笑话，一笑而过，但我们仔细想想，这句话说的不正是我们自己吗？我们内心深处不都会在不经意间发出与此类似的想法吗？

《我的前半生》中，做全职太太10年，长期处于养尊处优状态的罗子君，早就和现代的职场完全脱节，但是为了与自己前夫争夺儿子的抚养权，罗子君咬牙开始找工作。

然而作为一个职场新人，子君基本上没有任何工作经历，自然到处碰壁，这让闺密唐晶十分担心。

贺涵却安慰唐晶道："路要自己一步一步走，苦要自己一口一口吃，抽筋扒皮才能脱胎换骨。除此之外，没有捷径。"

现如今，我们的生活节奏越来越快，吃饭要求快餐，上课要求速成，甚至结婚也要速配。别人争什么、抢什么，我们也跟着随大流，却很少有机会停下来问问自己：我是不是该慢下来，把基础的事情都做好？

其实生活中的很多事往往都像是“墨菲定律”中说的那样：所有的事都会比你预计的时间长。

当我们着急生怕比别人慢了一步的时候，反而可能走错了方向

崔蓓蓓读大学的时候，找了一份在杂志社发行部的实习工作，主要负责销售杂志，就是给已经到期或者快到期的客户打电话，让他们续订。

作为新人，崔蓓蓓掌握到的读者名单很少，可是业绩标准却和别人一样。

母亲得知后跟崔蓓蓓说：“当你的能力不足时，不要只是盯着自己眼前的目标，你应该学会慢下来，甚至停下来，进行学习、充电。”

崔蓓蓓便听了母亲的话，选修了营销学。跟营销学老师学习之后，根据营销学老师的建议，开始在网上发杂志上外籍顾问的文章，得到了很多读者反馈。之后，崔蓓蓓还会每周发一篇外籍顾问的文章到这些读者的邮箱。在外籍顾问的文章下面，写上外籍顾问的文章在杂志上的更新频率及杂志的一些其他栏目。

经过这样一段时间的努力，崔蓓蓓轻松地完成了实习工作。

罗曼·罗兰说：“人们常觉得准备的阶段是在浪费时间，只有当真正的机会来临，而自己没有能力把握的时候，才能觉悟到自己平时没有准备才是真正浪费了时间。”

当我们想要更快一步时，最重要的就是学会让自己慢下来。

当然所谓的慢下来，并不是要变得懈怠，而是懂得去消化你所学到的一切东西。

我们身边的很多同龄人，很大一部分都有一种叫作“知识焦虑症”的症状，他们能明显地意识到自身存在某种知识的欠缺，迫切地希望通过“努力”来提升自己，使得他们看上去无时无刻不在学习很多新知识。

但是我们拿着手机在看、听这些所谓“课程”的时候，却从来没几个人能坚持看完一篇超过5 000字的文章，也没有几个人能静下来写出1 000字的总结。

因为我们想要的是“快”，快一点懂得更多的知识，所以要学习多一些课程，收集多一些冷门的知识，最好每天都学会一堆新鲜的词汇，仿佛这样就显得自己比别人快了。

我们在信息时代接收到的更多的只是消息。阅读应该是“慢”的，因为伴随着思考的时间。

我们总是结识很多朋友，他们很热爱学习，看上去每天都在努力，会戴着耳塞用几分钟的时间去听那种“几分钟读完一本书”的音频。

或许他的热情与努力很感人，但没有人会觉得他很厉害，因为他不过是在接收别人对一本书的理解，他所听来的都是别人的总结，并非自己通过阅读和思考得来的。

所以无论他听多少本书，他都不会懂得阅读和思考的那种精神享受，也不会有太多自己的见解，说出来的不过都是别人总结的。

我们真的没有必要过度地追求所谓的“快”，也没有必要一下子就要得到别人花十年才得到的东西。

不争不抢也能拥有属于自己的世界，或许我们慢下来以后，就会发现自己离预期的目标反而更近了。

当你醉心于安逸，却不知危险已逼近

我们在日常生活或是与人交往中，经常会听到身边的人说：做人要知足常乐！当我们有吃有穿，能简单维持生活的时候，就在心里告诉自己，差不多就行了，何必那么辛苦！

一只老鼠掉进米缸里边，突然发现这里有吃不尽的大米，于是便不再辛辛苦苦地去找粮食，而是天天躺在米缸里吃了睡、睡了吃。时间一天天过去，米缸里的米也渐渐见底，最后终于有一天，米缸再也找不到一粒米了，这时候老鼠才发现，这个米缸实在是太高了，自己根本爬不上去。

孟子说："生于忧患，死于安乐。"告诫我们应该随时随地地保持忧患意识，不能过度地安于享乐，就如同墨菲定律说的那样：天有不测风云，事情只要有变坏的可能，结果就总是会朝着变坏的方向发展。

我们一味地贪图享乐，总有一天当我们面对困难甚至是灾难的时候，就会因为自己的学识或能力不足而陷入窘境。

我们身边有些人曾经非常努力，但才30岁左右，就觉得自己疲惫不堪，想要逃离。也有人是年纪轻轻不思进取，安于现状不努力上进。

当我们处于一个安逸的现状时，就可能会懈怠，就会慢慢停息了曾经那份敢闯敢拼的心。我们一旦懒了，就会找各种理由来让自己心里面过得去，为不再拼搏找借口。

我们总是自认为处于一种安逸舒适的环境而放松了警惕，很多人曾经在“枪林弹雨”那样艰难环境下坚守得住，却最终抵挡不住“糖衣炮弹”式的安逸舒适的环境。

其实居安思危应该是我们每个人的必修课，在今后的道路中必须要有忧患意识，就如同那只老鼠一样，当我们醉心于安逸，危险就会不知不觉地逼近，而最应该做的就是居安思危，努力地提高自己，提前为今后可能遇到的困难做准备。

面对不如意不要一味认命

冯梦龙的《醒世恒言》中有一句话：屋漏偏逢连夜雨，船迟又遇打头风。

一看到这句话，瞬间就会引起我们很多人的共鸣，我们每个人无论是在生活，还是在工作各方面，总会遇到这种情况，比如，出门忘了关窗户，结果还没到家就开始下雨；回到家口渴难耐，却发现壶里没有一滴水；朋友来家吃饭，却发现昨天自己忘记买菜。

古语云：命由天定，运由己生。事情的好坏本就不是我们所能控制的，我们也无法阻止，无法改变，也就是所谓的“命”。但是我们可以改变自己，调整自己的心态，这就是所谓的“运”。二者合二为一便是命运。

命是命，运是运。不是每一个时刻都能好事多磨，也不是每一个人都能好运连连，我们总是会遇到各种不如意的事情，我们应该调整心态，积极准备，期望事情有所转变，而不要一味地“认命”。

墨菲定律中有一句话：另一排总是动得比较快；你换到另一排，你原来站的那一排，就开始动得比较快了；你站得越久，越有可能是站错了排。

首先，要做的就是避免自己在遇到问题的时候做出决定，尤其是和自身资金有关系的决定。有时在自身遇到挫折的时候，总会出现一种近乎赌徒的心理，认为自己现在的困难马上就会好转，也许下一件事就会转运，往往也就出现了越赔越多的情况。

其次，多找找“喜事”来冲冲喜，这里所谓的“冲喜”并不是找个算命的人为自己趋吉避凶，而是要做一些能够令自己高兴的事情。我们在遇到挫折的时候心情不可避免地会变低落，这时候我们应该放下那些令我们沮丧的事情，让自己变得愉悦起来，保持一个好心情，看问题的角度也会清晰起来。这时候我们可以选择结伴短途观光，则能在互相有个照顾的前提下获得身心舒缓。

最后，就是努力改变自己，提高自己。我们深陷逆境时，有时候可能是因为我们本身的一些不足所造成的，这时候最应该做的就是听讲座、多读书。听讲座要求我们静静地听、静静地思考，开阔我们的眼界；看书则可以培养我们独立思考的能力，能够发散我们的思维。

所以，并不是因为什么“时也命也”这类关乎命运的原因，而是我们在自身、环境等各方面的准备有所欠缺，这时候我们最应该做的就是及时收手，调节自己的心情，努力地提高自己，这样才会更快地度过那些令我们倒霉的时刻。

什么都不想舍弃，就什么也可能得不到

“曾虑多情损梵行，入山又恐别倾城。”

仓央嘉措曾在诗中表现出自己的为难，面对爱情与信仰，不知道该如何做出选择，最终只能留下一句叹息：“世间安得双全法，不负如来不负卿。”

其实我们在生活中也总会遇到这样两难的情况，总是需要舍弃一方才能得到另一方，但我们并不想做出任何的舍弃，我们期望拥有两全其美的办法，想要得到一切，结果往往什么也得不到。

付安鹤毕业后成为一个自由职业者，想要开创自己的事业，他追寻着自己的爱好加入了一些群体，希望能够通过交流学习增长见闻。

但他的爱好实在太多了，加的群也是五花八门，有中医群、珍珠销售群、写作群、读书群、养生群，一共多达30多个群，消息的提示声响得此起彼伏，付安鹤觉得生活好像也被割裂成好几块，站在中心的他不知该如何追逐。

通常是他想要潜心研读《本草纲目》时，有客户询问珍珠价格；他认真充当着销售员时，读书群里又玩起了成语接龙；游戏刚到了兴头上，写作群

的打卡时间又到了……

一天下来，安鹤总感觉自己好像做了许多事儿，结果却是啥也没干成。放眼看看，适合自己的事情不算少，他可以继续老本行，也能利用家乡的珍珠养殖赚钱……

最后他发了一条朋友圈：我这是在闹什么？加了30多个群，却一个都没认真看过。

理想太多有时候就容易变成欲望，使我们深陷其中深受其苦，口渴的时候希望喝尽弱水三千，其实需要的不过一瓢清泉而已。

我们通常都是这样，当我们面前的路有无数条，且每一条都看似阳关大道时，我们总会不由自主地每条都想踏上去试一试，总怕自己无意间错失良机，四面撒网却不知道重点是捞鱼，肆意求广而忽视了求精。

努力本身没有错，但假如没有准确的方向，一通乱撞，耗费的是大量精力，那些什么都想要的人，最后往往啥也得不到。因为成功青睐的总是努力而又专一的人。

陶华碧独自经营着一个小摊子，卖的是凉粉米线。

有一次在无意中发现自己制作的辣酱非常受客户欢迎，几乎整条街的凉粉店都在使用她制作的辣酱，她就想自己为什么不能专心做辣酱呢？

于是发现商机的陶华碧毅然舍弃凉粉摊，转而一心一意炒制辣酱，她把所有的心思都倾注在辣酱的口感上，抓住产品的核心卖点，抓住消费者的心。后来，她制作的辣酱风靡全球，成了名为“老干妈”的系列产品。

而她也一跃成为“老干妈”的创始人、跨国企业的董事长。

其实不只是企业，我们个人也是一样的，我们的核心竞争力永远都是发展的根本，我们生活中常常谈起的“断舍离”，其实就是不断发掘并塑造自身的核心竞争力。

我们不必什么都想得到，要选择一样我们最想要的，尽力做好。

就如同莫言写不了抒情诗歌，席慕蓉无法写好长篇小说，金庸写不了流行歌词。即使功成名就的文学大师，也无法驾驭所有文体。

努力没有错，但假如没有准确的方向，一通乱撞，耗费的是大量精力，收获却微乎其微。什么都想要的我们，与其说是贪婪，倒不如说是迷茫。什么都想要，什么都渴望试一试的年轻人，往往还不知道自己需要的是什么。

理想太多就容易变成欲望，深陷其中深受其苦，我们还以为自己不够努力，殊不知开头便错了。

什么都想得到，往往什么都得不到，毕竟我们精力有限，你付出多少，回报就有多少，选择一样我们最想要的，埋头苦干，做到努力而又专一，总有一天成功会青睐我们。

第七章 严谨防范，避免小概率失误事件

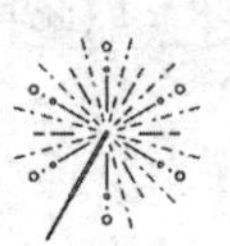

不要总以为“意外”离自己很远

“概率，也只有概率，是用来解释为什么不大可能发生的灾难发生了。”

墨菲定律中的这句话，其实是想告诉我们，一件“意外灾难”发生的可能性再低，也会有发生的可能。

我们在日常生活中，总会认为那些“意外”离我们很远，仿佛这些对我们来说不好的事情永远只会发生在电视剧中。

但我们仔细回忆一下，在我们过去那些日子里，总会有或大或小的“意外”发生在我们身边。

罗天梅感觉自己最近特别倒霉，无论做什么事情都会有意外发生。

周末的时候想要和闺密一起去看电影，当时想的是先一起吃顿饭，然后决定看什么场次的电影。

早上罗天梅看时间还早便多睡了一会儿，结果没想到路上堵车导致自己迟到了，但好在闺密并没有多说什么。当两人到吃饭的地方却又傻眼了，店里人多到根本站不住脚，无奈之下只能选择换一家。但是可能因为饭点的缘故，所有的店铺都是人满为患，甚至还有不少预约的。

等两人吃完了饭天色已经很晚，到了电影院突然发现所有的场次都已经满场，无奈之下只能选择回家。

“意外”之所以会被称为“意外”，全在于它的突发性，意外是我们内心深处所没有考虑周全的那个点，会影响我们的计划。

所以，我们要时刻保持对于“意外”的警惕，提高自己的警戒性，学会找出潜藏在暗中的危机，争取做到防患于未然。

朱海兵与女友计划元旦一起去东北旅行，他在放假前一个月就做好了充足的准备。

朱海兵先是调查了东北都有哪些景点，并多方询问了解东北的美食文化，做了一切相关的准备。

女友本来想去长白山滑雪，但是朱海兵之前做过调查，这个季节的长白山正处于封山的状态，根本没有什么值得游玩的地方。于是两人决定到哈尔滨冰雪大世界，可以滑冰还能顺便观看一下冰雕。

“意外”可以说是无处不在，我们想好好陪同家人，公司就有紧急的事情必须我们前去处理；我们想按时完成工作项目，就会有突发状况导致我们无法再继续工作；我们想给爱人一个浪漫的礼物，就正好遇到路上堵车错过了时间……

“意外”可以说是对我们生活的方方面面都产生决定性影响，那么我们到底应该如何做，才能将“意外”的影响降到最低呢?

首先，提高自己的警惕性，提前找出潜藏在暗中的“意外”，做到防患于未然。“意外”的危害很大程度上都是来源于其本身所带来的突发性，有时候我们的计划遭到破坏并不是什么大不了的事情，我们之所以迟迟无法接受现实，只是因为我们在“意外”来临之前没有做好相应的心理准备，一时间显得有些猝不及防。

其次，针对可能发生的“意外”，做好必要的准备。我们想避免“意外”影响到自己的日常生活，就要做好必要的准备，预防可能会发生的“意外”。我们可以选择在计划中留下一些缓冲地带，这些缓冲地带在发生“意外”的时候可以给我们提供应急的空间，最大限度地保障计划如期完成。

最后，既然“意外”不可避免，我们就要学会坦然接受。所谓“人算不如天算”，有些事情就算我们拼尽全力也无法改变，当“意外”无可避免的时候，我们要学会坦然接受，勇敢地面对失败，从头来过永远要好过自怨自艾。

总之，“意外”其实无处不在，可能下一秒就会发生在我们身上，如果我们事前不能做到“心中有数”，那么计划往往都会赶不上变化。事前找出“意外”，勇敢面对“意外”，努力解决“意外”，在事不可为的情况下坦然面对“意外”，这才是我们对待“意外”的正确态度。

没有危机意识的生活到底有多可怕

老人常常会劝诫我们，要随时保持危机意识，要居安思危。

墨菲定律有一个观点：每次剪了指甲后没多久，就有用得着它们的地方。

危机在平时的时候并不起眼，甚至根本就是潜藏起来，这会让我们产生一种“危机根本不存在”的错觉，也正是因为这种错觉而导致我们对于危机的防范意识不断下降，一旦危机真的来临，我们就会显得猝不及防，自乱阵脚。

君莫笑毕业之后做了一位业务员，常常需要在外应酬。而他本人也属于那种无酒不欢的人，就算休息的时候也喜欢拉上朋友胡吃海塞。

有次朋友看不下去了，便好心提醒了一下：“你这样迟早会把身体搞垮的。”君莫笑却不以为意，认为自己还年轻，趁着年轻就是要及时行乐，身体的问题等自己老了再去考虑。

后来君莫笑突然感觉胃不舒服，胃口也越来越差，直到有一天他再也忍受不了，才想起来去医院检查。

结果发现他这是长期饮酒，外加暴饮暴食所导致的胃穿孔，已经严重到需要做手术的地步。

如果我们不能提高自己的危机意识，做好对危机的把控，那么危机来临的那一刻，我们就会显得无比渺小，甚至会迷失在危机的风暴之中，无法回归原本的生活。

李韶华是一位电子竞技的选手，每天都需要长达十多个小时高强度的训练。但是李韶华不管训练有多么晚，自己有多么累，都会抽出半个小时做一些体育锻炼。

队友看到就问他："你这些锻炼有什么用，能帮你在赛场上打败对手？"

李韶华开玩笑地说道："这虽然不能帮我打败对手，但至少保证我不会因为伤病而离开赛场。"

那么我们如何做才能提高自己的危机意识，减少危机所带来的伤害呢？

首先，承认危机的存在，明确树立危机防范意识。无论是什么事情，出于什么情况，我们都会习惯性地将事情往好的方面去想，而不可避免地忽视掉其存在的阴暗面，这是人之常情，也正是这种"常情"会让我们面对危机时惊慌失措。所以我们无论做什么事情都应该在心里做出周全的计划，至少要想到失败的可能以及可能会带来的意外。

其次，做好面对危机的准备。我们总不能每次都等到危机降临时才选择仓促应对，仓促之间总会有考虑不周全的地方。所以在事先就应该做出相应的预演，保证我们平安度过危机。

建立属于自己的危机报警系统，防止危机来临时我们一无所知。危机来临时不会无迹可寻，只要我们做好足够的调查，其实是可以从蛛丝马迹中得到提示的。所以我们在平常的时候要多接触新鲜事物，学习新的知识，同时保持自己多听多看，了解周边的环境。这样我们就可以提前预知一些危机，从而做好针对性的准备。

最后，勇敢面对危机，勇于承担其带来的后果。正所谓“天下没有迈不过去的坎儿”，危机其实没有我们想象中的那么可怕，只要我们应对得当，总能够平安度过。有的人之所以倒在危机面前，只是因为缺少直面危机的勇气，不敢承担失败带来的后果。其实只要勇敢地站出来，向危机发起挑战，就已经赢得了我们自己，哪怕最终还是失败，坦然承担即可，大不了再从头来。

泰坦尼克号的悲剧，侥幸心理害死人

“凡是可能出错的事有很大概率会出错。”

这是墨菲定律的核心内容，意思是说任何一个事件，只要它发生的概率大于零，我们就不能够假设它不会发生。

我们都知道泰坦尼克号，号称“永不沉没”，就是这样一艘汇集当时顶尖技术的巨轮，却在首次航行时撞上冰山，最终沉入大西洋，造成20世纪最大的灾难之一。

而这场灾难背后的原因却让人哭笑不得，先是用以观察航线的望远镜被锁在柜中，导致发现冰山时只有相距不到四百米的距离，再是船长指挥失误而撞上冰山，另外泰坦尼克号在制造铆钉时使用的钢铁质地极其不纯，导致船体松动，又因为救援的船只不足而导致大多数人葬身海底。

就如同一个个巧合共同制造了这场“不可能发生”的灾难，而也正是因为这些侥幸心理才会一步步将泰坦尼克号推向深渊。

泰坦尼克号的悲剧与其说是种种巧合下推动的灾难，倒不如说是那些心存侥幸的人共同疏忽所导致的。

关宁本身也没有过硬的能力，实习又因为偷懒而没有积累更多的工作经验，导致他找工作很不顺利。

于是他想了一个取巧的方式，对自己的简历进行造假，夸大自己的工作经历与成绩，结果还真让他找到了一个满意的工作。

在入职前的时候，公司人事言明如果发现简历造假，一律不予录用，但是关宁心想：这怎么可能被发现，于是也不放在心上。

两月实习期过去，眼看就要转正，却接到公司的辞退通知，其辞退原因是公司还是发现了他在简历上造假的事情。

我们无论是在工作中还是在生活中，难免会有想要“取巧”而心存侥幸的时候，或许我们会因为一时的取巧而尝到甜头，但长此以往，终有一天要为自己的行为而付出代价，最终害人害己。

高鑫为人显得有些木讷，不太懂得变通，但是胜在工作认真。

某次他负责一个项目，快到收尾的时候出现一点问题，需要重新再弄。

同事便劝他：“没事，这点小问题不用管，一般外行看不出来，没必要这么较真。”

高鑫却执意要把项目重新做好，结果一直赶到快要交货的日期才完成。

对方的老板是业内人员，发现高鑫同事的项目存在问题，高鑫的却没有，这让对方更加相信高鑫的能力，直接点名下一个项目让高鑫负责。

想避免泰坦尼克号的悲剧，就要学会避免心存侥幸。

那么我们如何做才能消除自己的侥幸心理呢?

首先，认真地对待每一件事。之所以会存在侥幸心理，那是因为在做这件事情的时候，会在心里暗示自己“差不多就行了”“差一点也没人能看得出来”，而也正是这些暗示，导致在做事情的时候会抱着一种“差不多”的心态去做。其实，我们所做的每一件事情都和我们本身息息相关，都值得我们拿出百分之一百二的热情去对待，我们做事的时候过于敷衍了事，最后吃亏的还是我们自己，倒不如开始的时候就认认真真完成每一个细节，力争做到尽善尽美。

其次，脚踏实地，切勿好高骛远。我们有时候会将目标定得很高，同时又不愿意脚踏实地地去一步步完成，最终我们选择了通过“取巧”的方式来得到自己想要的一切，心里自我暗示“不会被人发现”。

其实我们做的每一件事情都有迹可循，一心想着取巧最终也只能害人害己。与其将目标定得太高使得自己难以完成，倒不如一开始就从基础做起。

最后，保持清醒的头脑，时刻反思自己。我们无论是在工作中还是在生活中，都应该时刻反省自己，同时，还要保持自己头脑冷静，只有让自己保持理性，才能够让自己不被诱惑而迷失方向，才会坚持按照自己的计划去做。

早防范，避免小错误引发大灾难

“今天不学也没事，反正考试也不一定考。”

“杯子不漏水就行，裂开没什么大问题。”

“工具能用就行，不用太在意好坏。”

我们在日常生活中会有类似的情况，认为一点小问题并没有什么大不了，反正也不会影响大局。那么真的是这样吗?

墨菲定律告诉我们：一项任务在完成前会由于一个微不足道的细节而中断。

考试的题目可能就是今天错过的内容；杯子裂开的口子会慢慢扩大直至最终漏水；我们手中的工具会在某一天突然坏掉，影响到工作。

这些事情都告诉我们，如果这些小错误长时间得不到注意和重现，也会无限制地恶化下去，直到酿成大祸。

戴泉方是工厂某生产线的线长，主要负责生产线的管理与生产。

有一天手下一个工人前来找他，说发现生产线末端架构不太牢固，建议暂时停止生产，先修理设备。

但是戴泉方并不乐意，要知道厂里有生产任务，停工一会儿就会造成巨大损失，于是只能硬着头皮说继续开工。

后来，厂里要求加大生产，戴泉方只能加快生产速度，结果没想到这一加速使得之前的隐患更加严重，整条生产线瞬间瘫痪，维修部门检查后告诉他这条生产线已经接近报废，估计要重新引进。

常言道："千里之堤，溃于蚁穴。"如果一个个的小错误积累起来，就会发生质变，引发大灾难。

我们身边的这些小错误如果长时间得不到改正，就会使我们的自我认知产生偏差，而这种偏差会导致我们在某些时候盲目自信，听不得旁人劝告而一意孤行，最终的结果就会引发毁灭性灾难。

有人说："小错不断，大错不犯。"

其实这种态度并不可取，要知道"冰冻三尺，非一日之寒"，任何灾难都不是突然发生的，都是由我们日常的错误所累积。所以，想要不犯"大错"，我们就需要避免这些"小错"。

那么我们如何做才能及早防范小错，避免最终引发大灾难呢?

第一，我们应该对自己身边的错误保持高度重视。在我们日常生活中，之所以会出现那么多因为小错酿成大祸的悲剧，其根本原因就是我们在思想上不够重视，认为自己这些错误并不会影响大局，不愿意为了大局而做出"牺牲"。

其实，这种思想并不可取，一个个小错累积起来都会让我们感到焦头烂额，更何况有时还会发生质变。所以我们应该从根本上加以重视，正视我们身边的错误，只有这样才能够让我们清楚地认识自己，避免错误无限扩大，最终演变为灾难。

第二，我们要及时发现错误，改正错误。日常生活中我们应该多观察自己，观察自己周边的事物。有时候酿成大错只是因为我们根本没有发现身边的那些错误，只要我们平时多多关注、观察，及时发现自身所存在的错误，就能及时发现这些错误，改正这些错误，这样我们才能够继续提高自己。

第三，在改正错误的时候要持之以恒，切忌三天打鱼两天晒网。在我们改正这些错误的时候，需要循序渐进，有时候甚至需要一个漫长的过程，应该保持一定的耐心，一步一步，脚踏实地才是正途。

第四，转变自己的心态，认真对待每一件事情，减少自己错误发生的概率。俗话说："金无足赤，人无完人。"我们每个人都有犯错的时候，这是不可避免的，但是，只要我们在做事情的时候摆正心态、认真对待，最大限度地保证自己不犯错误，那么也就能降低酿成大祸的概率。

只要我们正视错误、改正错误，从根本上避免错误，在过程中时刻反省自己，我们就能避免因为小错而引发灾难。

坦然应对突发状况，积极转化“悲观墨菲定律”

“每当你准备做什么的时候，总有些别的事你得先做了。”

这句话是墨菲定律的一个演变版本，也是对“凡是可能出错的事有很大概率会出错”做出的明确阐述。

但是这导致了很多人在面对突发状况的时候手足无措，不知道自己应该如何应对，甚至有人会产生“悲观墨菲定律”的想法，认为突发状况既然是必定发生的，那么我们无论如何都没法改变，从而变得什么都不愿意改变，坐看事态的恶化。

李豆豆为人比较悲观，总是认为自己什么事情都做不好。

有一次，在他组织的一场野营活动中，一位同事上山的时候意外扭伤了脚。

面对这种突发状况，李豆豆一下子就慌了神儿，大脑一片空白，完全不知道该怎么做。最后还是在同事的提议下才想起来要先把人送往医院。

安顿好受伤的同事后，大家问接下来怎么办，李豆豆却认为这是墨菲定律产生的影响，无论做任何事情都没法改变，便提议大家及早回去休息。

大伙儿明显有些不太乐意，但碍于李豆豆是组织者也不好说什么，就这样三三两两地离开。之后也不愿意参加李豆豆组织的活动了。

所谓“尽人事以听天命”，如果我们因为害怕突发情况便什么都不做，只看着事态恶化，那么我们永远也无法获得成功。我们脑海里会不断回忆起这次突发情况，并且在下次遇到同样状况的时候会因为没有经验而想不出任何解决方案，甚至会因为这次失败的阴影而影响到以后的判断。

而如果我们能够在突发情况来临的时候坦然面对，勇敢地站出来，积极想解决的方案，那么就算我们这次失败了，也能够为下次累积足够的经验，甚至就算我们以后不会再遇到类似的突发状况，这次积极向上的努力也能够提升我们的心理承受能力，让我们更容易得到外界的帮助。

墨菲定律其实只是在阐述一种现象，我们抱有悲观的态度，那么就只会怨天尤人，积极应对就会发现我们的努力其实是存在意义的。

所以，面对突发状况的时候，不要惊慌，坦然面对，我们就会发现，其实事态并没有我们想象的那么严重。

那么我们怎样做才能积极转化“悲观墨菲定律”，坦然应对突发状况呢?

第一，平复自己的情绪，不要慌张，积极寻找原因。我们很多人在面对突发状况的时候一筹莫展，频频做出错误决策，其根本原因就是无法控制自己的情绪，在慌张之下没有找到事情发生的真正原因就开始盲目应对。所以，在面对突发状况的时候要平复自己的情绪，坦然面对，寻找原因，只有找到了“病根”，我们才能做到对症下药。

第二，根据事情的轻重缓急，有序处置突发状况。发生突发状况的时候，我们需要面对的往往并不是一两件单独的事情，而是多件事情组合在一起的复杂局面，所以面对时一定要为自己所面临的情况做出规划，根据事情的轻重缓急有序解决。

第三，学会与他人沟通，寻求他人帮助。我们每个人的能力有限，并不能做到全知全能，面对突发状况并不是一两个人就能够单独解决的，这时候要学会寻求别人的帮助。无论是与他人探讨解决方案，还是请对方伸出援手，都能够对有效处置突发状况起到实质性的帮助。

第四，做好善后工作，消除恶劣影响。大多数的突发状况会产生一些恶劣影响，甚至有时候会严重影响我们的事业、生活。这时候我们就要积极做好善后工作，消除恶劣影响。

我们都不想遇到突发状况，但这又是不可避免的，我们要学会勇敢地站出来，坦然地面对。只要我们积极应对，方法得当，就会发现其实突发状况并没有想象中的那么可怕。

有A计划，还要有B计划、C计划

在日常生活中，我们通常会做出一些计划，然后按照计划去执行。但是在执行计划的时候难免会遇到一些意外。

为什么会这样呢?

墨菲定律告诉了我们的答案是这样的："没什么事情像看上去一样简单。"我们在做计划的时候都会带有主观意向，这就难免造成计划与现实不符。

王建国马上就要参加专业考试了，他计划每天晚上学习半个小时，从而让自己有充足的准备面对考试。

结果计划实施的第一天就有朋友找上门，要拉他出去聚会，王建国说要学习，朋友却说回来再学也是一样。王建国想想也是，便跟着出去了。

聚会结束回来的时候，已经是十一点多了，王建国想到第二天还要上班，就先去休息了。

之后王建国隔三差五就会因某些原因而中断学习计划，到了考试前，他突然发现自己还没有好好地复习过。

我们每个人都习惯性地将事情往好的方面去想，所以在做计划的时候也会如此，从而忽视可能存在的问题。

因此，我们做计划的时候应该考虑到方方面面，只有对那些可能存在的问题做到心中有数，我们才能在面对时做出正确的应对。

所以，我们做计划的时候不能仅考虑某一方面，既要有A计划，还要准备B计划、C计划，做好多方面的准备。

唐彩才是一位业余的网路小说家，利用自己闲散的时间写小说发表到网上。她为自己做了一个计划，准备每天晚上回到家后用两个小时来写小说，剩下的时间足够自己完成其他事情。同时，她还计划在周末多拿出四个小时写小说，留下一些存稿来应对可能出现的突发状况。

她就这样每天按照计划去执行，保证每天能够发表五千字，一直坚持了一年多，终于写完了一本小说。

古人云："凡事预则立，不预则废"。每一件事情都有无限的发展可能，哪些发展很重要，哪些发展需要我们尽量避免，这都需要有一套行之有效的计划，并且要对计划做出分类总结。

这时候我们最常用的方式就是多重计划，在制订A计划的同时，根据事态可能存在的发展，在A计划的基础上制订B计划、C计划，让自己的计划更加完善。这样在面对某项计划出现意外不可改变的情况下，可以很快地启动备用其计划，尽最大的可能避免存在漏洞，保证完成最终目标。

那么我们如何才能有针对性地做出多重计划，防止计划外的变数呢?

第一，要明确目的，做出针对性的计划。我们做出的计划首先要为自己的目的服务，不管是A计划、B计划还是C计划，都不能脱离最终目的。同时多种计划之间应该有明显的不同，要针对可能存在的意外提供不同的选择。

第二，计划要简洁、务实，避免加大自己的执行难度。我们在制订计划的时候要尽量简洁，越是复杂的计划越容易出现漏洞，徒增执行计划的难度。同时计划还要务实，避免“假、大、空”，制订一个不可能完成的计划，除了让我们面对失败，打击自己的自信心以外没有任何作用，只有符合事物客观发展规律的计划才能算得上行之有效的计划。

第三，避免计划太过理想化，计划要留下空档，计划与计划之间也要留下转变的余地。我们很多人在制订计划的时候过度追求完美，却会让计划难以执行下去。同时我们也不能指望在A计划执行不下去的时候马上转为B计划、C计划，计划的变动是需要根据实际情况做出调整，是一个复杂的过程，所以我们的计划与计划之间应该留下足够的空档，能够保证我们计划转变时平缓过渡。

第四，我们在执行计划的时候要学会变通，注意反思与改进。我们的计划不是一成不变的，应该时刻根据实际情况做出调整。所以在我们执行计划的过程中一定要时刻关注，在发现问题的时候及时改进，只有保证计划时刻符合事态发展，才能保证计划顺利执行。

其实我们制订计划只是为了保障达到最终目的，所以不管我们制订多少计划，只要能够避免漏洞，最终达成目标，那么就没有问题。

失业不可怕，可怕的是失业后的自暴自弃

墨菲定律告诉我们："怕什么，来什么。"我们越是害怕失业，失业就越是会降临到我们身边。我们越是恐慌失业，我们在失业后就越是难以找到满意的工作。

钟晓曼毕业后一直在从事电子商务销售工作，后来因为长时间没有业绩而被公司辞退。

这次失业对钟晓曼的打击很大，一度让她怀疑自己，在家闲了两个多月没有寻找新的工作，有些害怕再次受到打击。

后来在家人与朋友的劝说下，她终于鼓起勇气走出家门寻找新的工作，却因为不自信等多种原因处处碰壁。在坚持了一个多月后信心更加受到打击，甚至产生厌恶工作的心理，家里不得已为她找医生进行心理治疗。

失业并不可怕，可怕的是失业后自暴自弃。

仔细想想，谁还没有失业的时候，或许这时的失业能够让我们做出更好的选择，一味地自暴自弃，不仅不利于之后寻找新的工作，甚至会对之后的发展产生影响。

所以,不要将失业看得太过严重，这其实就和摔了一跤、被蚊子咬了一口没有太大区别，放平自己的心态，勇敢地向前迈步，或许下一次的面试就有适合自己的岗位。

周璇因家里有事而从公司离职，后来一直在家待了两个多月没有找到工作。

但是她这两个月并不是闲着什么事情都不做，她先是根据自己的资金状况做出了长远规划，至少保证自己这两个月就算没有找到工作也能生存下去。

然后花了一周时间出去旅游，平复自己的心情，努力让自己从家庭事业的双重打击下振作起来。

之后又花费半个月的时间认真思考自己的未来，做了一份完整的职业规划。

剩下的时间她就按照自己的职业规划来寻找工作。

就这样，周璇在失业快三个月的时候终于找到了自己满意的工作，并且一直在这个公司干了十几年，最终按照自己的职业规划当上了主管。

在失业之后究竟应该如何做，才能让未来的职业之路更加平坦呢?

首先，调整自己的心态，避免冲动之下做出选择。很多失业者将失业看得过于严重，仿佛失业之后就如同天塌下来了一般，总是难以接受，总是慌慌张张地寻找新的工作，甚至有时候不惜寻找一个完全不符合自己职业规划的工作。

其实这种方式并不可取，失业也没有我们想象的那么严重。既然已经失业了，倒不妨给自己放一个假，陪陪家人，让自己放松一下。张弛有序才能让我们有更好的发展，绷得太紧，就有可能承受不住压力。

其次，做好未来规划，对自己未来有新的认识。很多的失业者在失业的时候不会让自己闲下来，而是急匆匆奔向下一份工作，这种行为才是失业的最大危害。不管是自己主动失业，还是因为种种原因被动失业，我们不妨趁着失业这段时间对自己的未来做出规划，拥有一个完整的职业规划，才能够让我们未来的事业得到更好的发展。

失业并不可怕，可怕的是经过这次失业之后并没有丝毫的提高。失业大不了就是失去经济来源，损失一些物质生活，但失业浪费的时间才是无价之宝。所以我们要正确地看待失业，在失业后努力提高自己，做好职业规划，这才会让我们未来之路更加顺畅。

第八章 有时候，遭遇挫折未必就是坏事

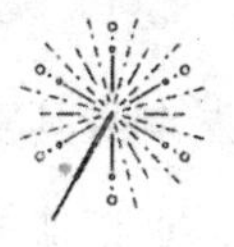

错误不可避免，积极应对也能转化

“会出错的，终将会出错。”

这一句话被称为“菲纳格定律”，也被认为是对“墨菲定律”最好的模仿和阐述。

这句话的核心其实就是想告诉我们：错误是不可避免，每个人都会犯错。但我们很多人在面对错误的时候会产生一种恐慌，认为错误就是不好的事情，因而一味地害怕犯错误，甚至在面对错误的时候表现出自己的懦弱，坐看事态的恶化。

“人非圣贤，孰能无过。”错误本身其实并没有什么大不了的，错误有时也不会带来什么特别严重的后果，真正造成严重影响的其实是我们在面临错误时，所做出的错误应对。

如果我们在面对错误的时候放缓自己的心态，能够积极应对，那么错误也有可能转化，从而让自己收获意想不到的成功。

1895年，14岁的Henri Charpentier在Monte Carlo咖啡厅当侍应生。一天威尔士王子来到咖啡厅用餐，就在Henri准备甜品的时候，煎锅突然着起火来。Henri一时间慌了神儿，看看时间并不足够自己从头再来，偷偷尝了一口觉得味道还可以，最终就只能硬着头皮呈上甜品。

却不想威尔士王子品尝后称赞不已，这道甜点最终享誉全球，这就是后来经典的橘香法式薄煎饼。

我们常说“有心栽花花不开，无心插柳柳成荫”，说明并不是所有的好事都能够有一个好的结果，也不是所有的错误就一定会导致最终的失败，重要的还是我们对待错误的态度。

既然错误不可避免，那么我们在面对错误的时候不妨端正态度，坦然承认错误。很多人会在犯下错误后出于某种考虑而试图忽略或是辩解，努力把自己从错误中摘除出来，其实这种行为并不可取，会给别人留下不敢担当的印象。所以在面对错误的时候我们要学会端正自己的态度，勇敢地承认自己的错误，为自己的错误埋单。当我们做到这一点时就会发现，错误并没有我们想象中的那么可怕，坦然面对就会让自己的生活更加简单。

此外，我们在犯下错误的时候一定要认真地做出检讨，但是也不能过于苛求自己。“人非圣贤，孰能无过”，认识到错误，改正错误，努力不让自己以后再犯同样的错误即可，有时候要学会对自己宽容一点。

很多人在犯了错误之后也忏悔，也做出了检讨，甚至信誓旦旦地保证以后不会再犯，但是下次还会犯同样的错误。为什么呢？只是因为没有走心罢了。无论是认识错误，坦然面对错误，还是检讨错误，其根本目的是要从错误中吸取教训，如果我们不走心，只是形式上的“改正”，那么我们永远也不会彻底意识到错误的危害，迟早还会为自己的错误埋单。

我们还需要注意，千万不要为了掩饰自己的错误而犯下新的错误。下意识地掩盖错误是人之常情，但是我们不能让这种“常情”而影响到我们的判断，一味地为自己开脱只会让自己越来越错，坦然面对才能让我们变得更好。

其实错误并不可怕，只要我们能够掌握正确的方法，有时候错误也能成为我们获得成功的助力。

逆境中做事比较冷静，成功的时候则易头脑发热

我们在生活中、工作中难免会面临逆境，但有时也会收获喜悦，我们在面对逆境的时候或许能够做到冷静、坦然面对，但在面对成功时常常头脑发热，做出错误的判断，甚至迷失在成功的喜悦中无法自拔。

墨菲定律告诉我们：明天又是一个新的开始。

我们很多人都知道这句话，但无法做到正确地理解它。这句话不仅仅适用于逆境之中，在获得成功之时也同样适用。

作为曾经失败过，至少有过失败经历的人，应该经常从里面学点东西。人在成功的时候是学不到东西的，人在顺境的时候，在成功的时候，沉不下心来，总结的东西自然是很虚的东西。只有失败的时候，总结的教训才是深刻的，才是真的。

失败往往是惨痛的，很多人在这惨痛之中失去了意志，而真正渴望成功的人会在失败中总结最直观的经验教训。

谁都有失败的时候，难得的是遭遇失败后迅速爬起来，人在成功的时候很容易过于高估自己的能力，因为周围的人不再对你苦口良言，相反还要不断地怂恿你前进，一不小心就踏入了深渊。

当我们处于低谷的时候，会经历人生最艰难的时刻，会见到最真实的

人，会以前所未有的视角来审视自己，清晰地看到自己在过去所犯下的错误。

我们大多数人在成功时总是站在高处，看的是远方，看不清脚下，只顾着往前走，意识不到路已经走偏了。所以在任何时候都应该保持低姿态，时刻掉过头来审视自己来时的路，你会发现自己并未在最高处，只是在半山腰，还需要更加努力，需要付出更多的汗水和智慧，这样你才能继续成长，不断地向上走。

现在流行一个词叫做“逆商”，简单来说就是当个人或组织面对逆境时，以其独特的方式对逆境产生的不同反应。高逆商的人在面对逆境时从不退缩，他们会把逆境当作自己向前冲的“垫脚石”，即使在极端困难的时期，他们仍会干劲十足，直到收获成功。

俗话说“自古雄才多磨难”，也正是由于这常人无法忍受的磨难，逆境才会更加容易造就天才。

正如《菜根谭》中所说：居逆境中，周身皆针砭药石，节砺行而不觉；处顺境时，眼前尽兵刃戈矛，销膏糜骨而不知。久处顺境的人很容易产生惰性，而人在身陷逆境时，资源匮乏，精神压抑，成功欲望迫切，改变的决心才会日益旺盛，因此常常能够取得在顺境时难以取得的巨大成功。从某种程度上来说，逆境才是检验企业家是否有真正能力的试金石，没经历过逆境不知道自己的短板，当逆境来袭，应当冷静下来思考。

其实，“形势一片大好”往往只是一段时期的判断，市场每时每刻都在变化当中，如果因为取得了一些小小的成就便开始对自己做高估的判断，那么下一步很容易就“踏空崴脚”，所以在所谓形势一片大好的时候最应该提高警惕，时刻做好对危机的应急处理准备，同时还要不执着于自己的成功之路，路是可以变的，很多人失败就是因为他们觉得自己走的道路带来了成功，便一直在走，殊不知市场早就发生了变化。

王之涣有一句诗："欲穷千里目，更上一层楼。"我们如果身处一个阶段的成功，千万不要在此停留止步，觉得这一刻的成功值得享受。如果自己再往上走，我们就会发现自己取得的成就其实微不足道，上面还有更好的风景在等着自己。所以越成功的时候越应该主动寻求改变。

没有否定比没有肯定更可怕

每个人都渴望得到他人的肯定与赞美，最害怕的事情恐怕就是来自外界的批评和质疑。但如果我们长期生活在一种没有否定的环境中，其实更加危险。

墨菲定律告诉我们：文件的可读性和它的重要性是成反比的。

赞扬虽然听起来让人愉悦，但如果长期沉醉于赞扬中难免迷失自己，无法认清自己，忽视自身暗藏的缺点。

张小娴在《思念》里说道："长夜哭泣之后，你会感谢所有曾经折磨过你的人。他们成就了你。"

否定或许会让我们难过，但是也能够让我们正确地认识自己，发现自己的不足，或许我们做不到感谢那些否定我们的人，但至少我们应该正视这些否定，从否定中发现自己的不足，努力提高自己，这样我们才能够走得更远。

花旗集团首席财务官兼执行总裁萨莉·克劳切克在走向成功的道路上，一直伴随着被质疑、否定的声音。

童年时的她长着雀斑，球队成绩不是倒数第一，就是倒数第二，不管是学习成绩、长相，还是声音、个头，总会遭到同学的嘲笑。

但是母亲总是对她说："不要在意那些同学们的取笑，她们都是一些爱唱反调的人，她们只会坐在旁边，对那些付出努力的人指手画脚。"克劳切克深受鼓舞。很快变得自信了，她的成绩也更好了，同学们也开始喜欢她。

毕业之后，她再次遭到了外界的否定，当时她几乎向华尔街上所有的公司投出过简历，却没有任何一家公司愿意录用她。但是克劳切克很快就重新燃起了信心，她决定要用实力向他们证明自己可以。

最后克劳切克做到了，她让这些公司刮目相看，靠着自己努力坐到了比那些人更高的位置。

在日常生活中，无论我们做出什么选择，表现得如何出色，也会有人跳出来加以否定，这是无可避免的。但我们可以做出选择，即是在否定中无法自拔地选择沉沦，也要在否定中找出不足勇往直前。

我们不妨调整自己的心态，避免自己被否定所击倒。我们总是很容易就受到外界的影响，别人赞美我们，我们会兴高采烈；别人否定我们；我们也会闷闷不乐。其实这并不可取，要知道我们做事情的效率与我们的心情是息息相关的，要学会调整自己的心态，努力让自己拥有一颗强大的内心，做到不被外界所影响，不被他人的否定所击倒，这也是我们走向成功的必要条件。

实际上我们想要正确对待否定，就需要学会分辨否定，知道哪些否定有助于自我提高，哪些否定是恶意诽谤。并不是所有的否定都是事实，也不是所有的否定都值得重现，有些人天生就喜欢挑剔别人，喜欢打击别人，所以对待他人的指责、否定，要学会辩证视听，知道哪些否定应该虚心受教，哪些应该一笑而过。

但是仅此还远远不够，我们还要做到虚心求教。我们都知道"忠言逆耳”，但是无法摆正自己的心态去虚心请教，甚至有些人还会反驳：“我知道我有缺点，但你不能说得委婉一点？”其实想要把批评人的话说得好听也需要一种智慧，我们并不能过于苛求别人，不必要求人人都有这种智慧，让自己变得大度一点，对那些“逆耳”的话不要太过在意，只要知道对方的好意就行了。

如果我们不想听到别人的否定，那么就应该努力地提高自己，改正自身存在的毛病。要学会日常反省自身，找出自身的问题，才能有助于我们改正。我们自身存在的错误少了，否定我们的人自然也就少了。

长期处于赞美之中就与处于温室的花朵一般，经不起风霜，学会接受否定，在否定中提高自己，未来的道路就会更加平坦。

沉入谷底，你的人生将有更多可能

“我曾经跨过山和大海，也穿过人山人海，我曾经拥有着的一切，转眼都飘散如烟……”

这首歌是朴树为电影《平凡之路》创作的主题曲，到现在还是广为传唱，给人留下无限遐想，总是会让人想起当年身处谷底时的那段回忆。

我们身处低谷的时候，不知道如何走出低谷，甚至每当我们回忆起那段黑暗时期，眼中也看不到丝毫光明。

墨菲定律告诉我们一个道理：听之任之的话，事情一般不会向好的方向发展。

我们不知道怎么走出低谷，但是不能什么都不做，单纯地坐在谷底就想着事态好转，这比想永远都不处于低谷更加不可靠。

走出低谷并没有什么明确的办法，每个人都会有自己不同的际遇。

但是走出低谷需要一个大致的方向，只要方向没有问题，无论在谷底做出什么样的选择，都是一种自我提升。

秦子兰在竞聘主管职位的时候因为学历问题而败给竞争对手，之后家里发生变故，心情低落的情况下又因为工作失误而离开自己奋斗的公司。

面对事业与家庭的双重打击，秦子兰险些被压得喘不过气来，但她一直咬牙坚持，相信没有迈不过去的坎儿。

她趁着当时无事可做，便努力提高自己，学习专业知识，她经过自己的努力重回校园，边打工边学习，拿到学位后开始投入工作，依靠自己过往的经验与人脉，迅速在新的公司打开局面。

渐渐地，她得到领导的赏识，先是让她在主管的位置上历练了两年，之后正式提拔为部门经理。

我们常常在身处低谷的时候不能摆正自己的心态，容易陷入思维误区，变得过于钻牛角尖，甚至做出极端选择。其实这种心态最不可取，我们能够站在山巅眺望远方，也要学会在低谷摸黑前行。

坦然面对困境，才能想办法解决困境，让自己一步步走出低谷。

身处低谷并不可怕，很多人无法忍受低谷，都是因为太过在意他人的眼光，在意他人的言辞。天降大任，必先苦其心志，从山巅跌落自然是苦不堪言、伤痕累累，但是我们无法避免他人的看法，那么只能调整自己，让自己放下思想包袱。负重前行，难以走远，既然已经身处谷底，与其去在意别人的看法，不如多想想如何走出低谷。

我们常说“不如意之事十之八九”，没有人能保证自己一帆风顺，我们能够处于巅峰，自然也会跌落谷底。我们只有在处于低谷的时候保持坚强，勇敢地用智慧走出低谷，那么我们的人生就会有更多的可能性。

第九章 不苛求，惊喜常不期而至

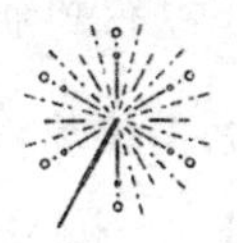

谁不曾犯过错，只有正视过去方能前行

“一台电脑在二十秒里犯的错误相当于二十个人在二十年里犯的错误的总和。”这句话出自墨菲定律，意思是说错误不可避免，我们做得越多就越容易出错。但是我们不能什么都不做，什么都不做，固然不会犯错，也会让我们一事无成，不能原谅自己的错误，我们就会变得自怨自艾，不能与自己的过去和解，也就失去了继续前行的能力。

郭思佳小时候与朋友玩闹，不小心伤到朋友，导致朋友留下病根。

朋友虽然没有说什么，但她一直无法原谅自己，觉得自己在朋友面前抬不起头来，甚至后来搬家离开自小生长的地方。

这次的经历不只是给朋友留下病根，郭思佳自己也留下了“病根”，她开始变得唯唯诺诺，变得沉默寡言，变得越来越难以交到朋友。

后来有同事主动与郭思佳接触，希望能够与她成为朋友，但是她在与朋友相处中，却总会不自觉回想起小时候的事情。交往的时候难免显得过于小心翼翼，使得同事倍感压力，渐渐与她疏远。

从小到大不停有人在我们耳边提示“这是错的”，或许想让我们在“正

确”的道路上前行，却导致我们渐渐失去了“犯错”的能力。

我们开始变得害怕犯错，不敢面对自己的错误，甚至演变为不敢正视过去犯错的自己。但是不想犯错我们又该如何成长？只做“正确”的事情，我们又该如何检验自己的进步？就好比在工作之中，如果我们的工作一直顺利，我们就不会想着自我提高，因为我们做的事情是“正确”的。如果我们在工作之中出现了错误，不免就会反思自己哪里出现了问题，又该如何解决这个问题。当我们解决完问题回头再看的时候，就会发现自己已经得到了一定的提高。

犯错其实没有我们想象中的那么严重，只是我们一种自我提升的过程，不敢面对犯错的自己，就如同害怕鱼刺而不敢吃鱼一样可笑。

所以我们不妨正视自己的过失。我们都会犯错，但是很多人在犯错后无法正视自己的过去，不敢面对自己，如果连正视自己所犯下的过错都做不到，又如何能够直言将其改正呢？坦然面对自己，正视自己的过失，这才是我们与过去和解的首要条件。

我们常常说向前看，向前看并不只是说说而已，更需要我们付出巨大的勇气，勇于放下一切过去的努力，抛弃过去的荣光，从新的起点开始，一点一滴地累积。

与其说我们害怕犯错，倒不如说不敢承担犯错所带来的后果。很多时候我们会认为，错误所酿成的后果是自己所无法承受的，其实不然，我们害怕只是因为未知，没有过不去的坎儿，也没有什么错误是无法弥补。只要我们努力寻找问题的根源，就能够更快认识到自己的过失并及时改正，这才是降低损失的正确做法。

我们常说的“吾日三省吾身”，其实就是一种自我批评的过程，在我们犯错的时候更需要如此。

所以不要再害怕犯错，勇敢地面对自己曾经犯下的错误，学会与过去的自己和解，弥补自己的过失，改正自己的错误，这才是我们正确的态度，才是能够让我们不断提升的方式，也是我们面向未来、重新起航的基础能力。

不嫉妒，允许别人比自己优秀

嫉妒就如同我们排队一般，看到对方比我们快，自然是心理不平衡，因为我们认为只是自己运气不好而已，或者说认为自己本应该比对方更快，这也就会让我们心生嫉妒。

朱世涛从公司刚起步的时候开始，已经在公司工作三年，当年和他同期的那些同事离开的离开，升迁的升迁，只有他自己还是一个普通文员。

好不容易有了升迁机会，却被一个新同事后来居上，晋级成为主管。

朱世涛心生嫉妒，暗道自己经验、资历都不输对方，认定对方是投机取巧。他越想越气，于是开始在公司传播对方的坏话，恶意诋毁对方形象，闹得整个公司都是风言风语。

终于引起上级的重视，查到他的身上，最终将他辞退。

不能控制自己的嫉妒心，一味使之恶化，最终就会害人害己。

那么我们如何才能做到不嫉妒他人，允许别人比自己更加优秀呢？想要消除自身的嫉妒心理。

大体可以分为三种方式。

首先，向他人的长处看齐，努力提高自己。

我们可以选择多读书，读书可能是提升自己最容易的途径，只要愿意，随时随地都可以进行。但是读书需要本身有一定的自律，需要自己能够静下心来，在没有他人监督的情况下做到安心读书。同时读书也需要一定的悟性，需要时刻领悟，所谓“尽信书不如无书”就是这个道理，有自己的思考，才能有更大的提升。

除此之外，我们也可以选择向他人请教，向他人请教是一种直接获取他人经验的办法，能够使我们少走很多弯路，但是这需要我们拥有明辨是非的能力。他人的经验并不一定就是对的，就算没有什么问题，也不一定就真的适合我们自己，所以我们在吸取他人经验的时候要有一定的辨别能力，结合自身的情况有选择地吸收。

其次，正视自己的缺点，发掘自身优点。

努力站在对方高度虽然是个消除嫉妒的好办法，但有时候很难实现，总有一些事情，是我们无论如何努力都达不到的。

所谓“尺有所短，寸有所长”，每个人都有优点，但也存在缺点，我们一味拿自己的缺点去和对方的优点作比较，自然不存在什么可比性。所以有时候我们可以转变一下思路，用我们的优点，去比较对方的缺点，这样我们的心理就会变得平和很多，慢慢也就不会再去嫉妒他人。

最后，摆正自己的心态，不拿自己的长处与他人相比。

嫉妒是一种“复杂的情绪”，我们之所以这么恐惧嫉妒心，只是因为过度放纵嫉妒带来的后果。

所以，我们要学会摆正自己的心态，不让嫉妒在自己心里繁衍。而不去与他人比较，就是一个阻止嫉妒蔓延的方法。

无论是努力到达对方的高度，还是用自己的优点与对方缺点相比较，都有助于我们消除嫉妒心理。甚至只要摆正自己的心态，放宽自己的眼界，嫉妒心理本身也没有我们想象的那么可怕。学会消除嫉妒心理，利用嫉妒心理，允许别人比自己更加优秀，这样我们才能够走得更远。

抱怨没人给你打电话，不如将电话打过去

“他怎么没有打电话问候我？”

“他为什么没有打电话来安慰我？”

“他怎么还没有给我打电话过来道歉？”

这种类似的想法我们时常会有，我们总是出于某种目的希望对方能够主动意识到，并且给我们打过来电话。

墨菲定律告诉我们：“别试图教猫唱歌，这样不但不会有结果，还会惹猫不高兴。”

郭莱的男友要去外地出差，郭莱便说：“到了地方给我打个电话。”

男友自然是满口答应，但是两个小时的行程，郭莱愣是等了四个小时也没有接到男友电话。

这把郭莱气得不行，一直在家生闷气，到了晚上也不睡觉，就是想等着看男友什么时候能打过来这个电话。

男友第二天打过来电话，说下了飞机就和接他的客户在一起，一天都是在应酬，直到第二天清晨才刚刚醒酒。

郭莱却丝毫不听他解释，一直不依不饶，这也引起了男友的不满，两人

大吵一架。

我们总是抱怨没人给自己打电话，抱怨对方不能明白我们的心思，但这其实只是我们将自己的想法强加在对方身上，强行让对方按照自己的意愿来行事。或许一次两次并不会引起对方的反感，但长此以往没有几个人能够忍受，最终就会造成两人发生分歧。

正所谓“子非鱼安知鱼之乐”，我们每个人的想法都是不同的，对待同一件事物的看法也会产生偏差，一味把自己的想法强加在对方身上是不会产生任何结果的，甚至还会因此而惹恼对方。

所以，与其在一旁抱怨没人给我们打电话，倒不如主动一点儿，自己拿起电话给对方打过去，将自己的想法告知对方，这样才能让对方更容易理解我们的想法，才会使得对方行事更合我们的心意。

所谓“己所不欲，勿施于人”，我们自己做不到的事情又有什么资格去指责别人呢？学会换位思考，为他人设身处地地着想，做到原谅他人，宽恕他人。

不随意指责别人是一种修养

“一个人有一只表的时候他可以确定时间。如果有两只的话就难办了。”

这句话是墨菲定律的一个演化版本，意思是告诉我们，每个表的时间都会有细微不同，我们用其中一个表为标准，就无法准确地确认其他表的时间。

这个道理在我们日常生活中同样适用。我们每个人的经历都会有所不同，每个人的行事标准、价值理念都会存在区别，某件事情的好坏，也只有当事人自己能够说得清楚。

但是有些人喜欢以自己的观念去评价他人的生活，甚至指责他人的行为，其实根本不会在意对方经历了什么，也不知道某件事情对于对方的意义，更不会知道这种行为会给对方带来多大的困扰。

我们常说“一千个观众有一千个哈姆雷特”，这还是对待哈姆雷特这个有固定剧情的虚拟人物，可想而知我们每个人阅历、性格的不同，又会有多少种不同的生活态度。

我们不能探知对方的想法，自然也没有资格评判对方的生活态度。能够做到以己度人，不以自己的观念去指责他人的生活，这也是一种高修养的表现。

文江是一位电台主播，每日主要是负责倾听来电听众的诉说，开导听众，切实为听众解决问题。

某日，有一位老者打来电话，说自己的子女不孝，不愿赡养自己，还把自己锁在家中。听众听后都在大骂老者的子女，但文江只是不停地安慰老人，并没有提供实质性的帮助。听众为此不解，文江却说："我们不知道实际情况就没有资格随意评说。"

后来事实证明文江并没有做错，老者是患有被迫害幻想症，总是以为身边人处心积虑想要加害他，所谓的"锁在家中"也只是夜间正常的锁门，并没有限制老人自由。

我们在日常生活中常常会有人打着"我都是为了你好"的旗号，却做着伤害他人的事情，想来没人会喜欢这种"善意"的伤害。所以我们在讨论对方某一行为的时候，要站在他人的角度去考虑，设身处地地为他人着想。

都说语言对人的伤害，甚至要超过武器，甚至有时候一句随意的话就能改变别人的人生轨迹。所以，我们要学会提高自己的修养，说话做事之前多思考。

有道是"闲谈莫论是非，静坐常思己过"，静下心来我们总是会发现自己的优缺点，但是想要改正是一个漫长的过程，与其浪费时间关注他人的生活，倒不如多花些心思提高自己。

世界上没有相同的两片树叶，也没有一样的生活，我们只要能够过好自己想要的生活就好，不去管他人怎么样，也不要随意指责他人的生活，这也是一种有修养的表现。

从来没有十全十美的选择

“我应该报考哪个专业？”

“我是应该参加工作还是考研？”

“我应该从事自己喜欢的工作，还是选择离家近些？”

无论是在日常生活中，还是成长的过程中，我们都会面临无数的抉择，甚至有时候会认为有些抉择会改变自己的一生，为此举棋不定，想要寻找到十全十美的选项。

墨菲定律告诉我们一个道理：如果今天看上去完美的话，明天将是终结。

没有什么事情可以称得上绝对完美。我们一味地害怕承担选择背后所带来的后果，一心期望存在两全其美的办法，最终就会错过做出选择的最佳时机。

戏文中常说：“自古忠孝难两全。”在我们现实生活中难以两全的何止是“忠孝”。我们因为进修而错过理想的工作，我们因为工作错过与父母团聚的时间，因为陪伴孩子减少朋友间的往来……

我们几乎无时无刻不在做出选择，大多数的选择都无法达到两全其美，甚至很多选择从根本上就相互对立，完全没有兼顾的可能。面对这种十全十美完美没有可能达到的情况，我们往往就需要做出一定的取舍。要直面自己的内心，知道自己到底想要什么，勇敢做出选择，坦然面对选择所带来的后果。

那么在面临抉择的时候，我们怎么做呢？

首先，要摆正自己的心态，明确从来没有十全十美的选择。心态很重要，很多人无法正确地做出选择是因为心存侥幸，认为自己能够找到十全十美的办法，或者是期望期间产生变故，事态自行解决。其实这种心态最不可取，应该将主动权牢牢抓在手中，主动放弃心中的侥幸，学会取舍。

其次，要学会直面自己的本心，根据自己的情况做出适合自己的选择。并不是所有问题都要考虑是非对错，盲目从众选择所谓“正确”的事情，这本身就是一种错误。我们在做出选择的时候不能为外界因素所动，需要对自己负责，适合自己、自己真心想要得到的选择，对自己来说才是最好的选择。

最后，要勇敢为自己做出的选择负责，承担选择后带来的后果。我们内心深处之所以一直期望两全其美，是不想因为自己的选择而失去某些事物，甚至包括那些根本不属于我们的事物，所以我们要学会取舍，敢于取舍，勇敢地为自己的选择承担后果，遵循自己的本心，做出最适合自己的选择。

行动吧！从来没有万事俱备的时候

我们总是希望事情有个完美的结果，希望在行动之前就做好万全的准备。然而如果一味地苛求万事俱备，反而拖延了自己行动的时间，让自己迟迟无法下定决心行动。

准备的时间越久，那么付出行动之后生效的可能性就越低，甚至会因为错过时机而导致自己的行动完全失败。

付宏勋特别羡慕驴友的生活，希望自己也能有一段这样的经历。

经朋友介绍，付宏勋决定前往小鬼道进行徒步旅行。

他先在网上购买背包、睡袋、帐篷等基本装备，又找朋友询问具体事宜。

后来朋友跑来劝他，说小鬼道很多地方需要攀爬，要做好安全防护，尽量与人同行。

付宏勋一想也是，便同意朋友的建议，一边购买安全绳，一边找人同行。

好不容易准备好一切，却发现已经到了冬天，山中下雪更难攀爬，外加付宏勋并没有购买御寒的装备，只能放弃这次徒步旅行，之前的准备全都派不上用场。

万事俱备只是一种理想状态，即便是“只欠东风”的孙刘联军，也仅仅做到让曹操败走，并没有扩大战果，我们又何必苛求。

不追求万事俱备，只要时机合适就勇敢地付出行动，根据实际情况的变化做出相应调整，这才会让我们自己距离成功更进一步。

任道源一直梦想开家冷饮店，工作几年后终于筹备到店铺前期投资的钱。

就在任道源准备辞职大干一场的时候，一位行业内的朋友跑来劝他，说现在冷饮行业不好做，劝他谨慎行事。

任道源却说：“哪有百分之百赚钱的生意，无论干什么都存在风险，此时不做的话，之前的准备就毫无意义。”

任道源下定决心，辞去工作将冷饮店开了起来。起初确实如同朋友说的那样，没什么生意，但任道源不放弃，不停以新产品吸引客户，渐渐也有了自己的客户群体，生意也慢慢变得好转起来。

在我们日常生活中，并不存在百分之百成功的事情，自然也就不会存在万事俱备的时候，与其为了等待所谓的“万事俱备”，还不如立刻采取行动，让行动来检验自己的不足。

那么我们面对不同情况，应该如何迅速有效地采取行动呢？

拖延症可能是现在妨碍我们继续前进的主要因素，但很多情况下拖延症并不是我们不想更进一步所造成的，恰恰相反，正是由于我们心中的完美主义，才导致我们的行动被无限延后。我们想得越多，越是担心失败后所要面临的后果；越是想要完美，就越是增加了我们行动的困难程度。这才是导致我们拖延症的真正原因。所以只要是自己真正想要去完成的事情，就不必等待万事俱备，勇敢地朝着自己的目标前进。

但立即行动并不代表盲目行动，要做好相应计划。主要也体现在两个方面：一是有序性，使我们的行动更具条理性，避免一件事情反复回头，浪费时间；二是统筹性，能够将我们碎片化的时间利用起来，同时多方面进行，提高效率。

我们都知道南辕北辙的故事，也清楚方向错误无论付出多少努力都不会达到目标，因此，在行动的时候要不断自省，及时调整自己的行动，避免产生方向性错误，这样我们才能够使自己的行动更加迅速有效。

不追求万事俱备，并不代表我们可以什么准备都不做。学会做好计划，时刻自省避免自己的错误，摆正心态避免拖延，这才会使我们的行动更加及时有效。

第十章 不去想糟糕的未来，将一切引向乐观

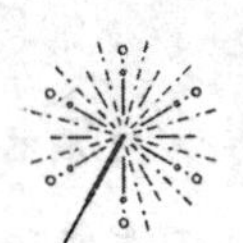

吸引力法则，凡事往好的方面想

俗话说："怕什么，来什么。"

如果我们一直想糟糕的事情，那么糟糕的事情就会追随着我们。

就如墨菲定律所说：你越清楚厄运的危害，你越不知道它什么时候降临。

人生的道路不是一帆风顺的，难免会有坎坷、挫折和失败。如果我们一直把所有事情往坏的方面想，就会逐渐形成消极和懈怠的态度。

明朝，有一个秀才三度进京赶考，两次未考中，第三次赶考时，他考前做了两个梦。第一个梦里，他梦见自己在高墙上种白菜；第二个梦里，他梦见自己下雨天戴着斗笠还打着伞。

第二天清早，秀才找了一个算命先生来替他解梦。算命先生听后说："你别考了，你想一想，墙上种菜多费劲，戴斗笠打伞简直多此一举。"

秀才听后心灰意冷，回到了客栈便收拾行李，打包回家。

店主见秀才的举动，说："明日考试，你现在打包做什么？"秀才沮丧地说："考不上了，考不上了，天都不帮我！"而后诉说了事情经过。店主幽幽道："我倒觉得你这次能考中，你想啊，高墙种菜不就是高中吗，打伞戴斗笠就是有备无患啊！”秀才一听这话觉得有理。

次日，他精神抖擞，充满信心地去考试。秀才发挥超常，中举了。

毫无疑问，只有用积极的心态面对人生，才能让我们在失落和胆怯时，不被现实所击垮。积极的心态会给人以希望，消极的心态则会封闭前行的道路，消磨潜能。所以，在面对一件事情时，采用积极的心态有助于事情的发展进程。

在逆境中，如果改变不了现状，不妨换一种乐观的态度面对它。

一艘正在航行的客船遭到了暴风雨的袭击，客船的桅杆在海风中摇摇欲坠，甲板上的水桶撞着木板“哐哐”地响，船上的乘客随着海水的晃动有些支撑不住，有的人倒在甲板上紧紧握住栏杆，有的人胆战心惊喊着“救命！”。

风暴过后，一切归于平静，惊魂未定的乘客们有的露出疲倦的笑容，有的为平安的到来欢呼。只有一位老人处变不惊，无论是在暴风雨中还是回归平静后都是处变不惊。有的人问：“老人家，你为什么不害怕呢？”老人说：“我有两个孩子，老大他已经不再人世，老二在邻国居住，我想：如果我死于海难，就能见到老大；如果客船平安到岸，我就能坐车去看我的老二了。不管去哪，我都可以见到我心爱的孩子，我怎么会怕呢！”

美国著名的心理学家威廉·詹姆斯说：“我们这一代人最重大的发现是：人能改变心态，从而改变自己的一生。”我们自身的成功与失败，幸福或是坎坷，快乐或是悲伤，完全是由我们自己的心态造成的。

有次甘布士要乘火车去外地出差，但事先没有买到车票。车站的工作人员还特别强调一句：这种机会或许只有万分之一。

但是甘布士还是提着行李赶到车站，刚刚等了不久，一个女人匆忙来退票。

到了纽约，甘布士给妻子打了一个电话："我抓住了那只有万分之一的机会了，因为我相信一个不怕吃亏的笨蛋，才是真正的聪明人。"

我们如何对待生活，生活也就如何对待我们。凡事从好处想，就会看到希望，有了希望无疑会增添我们生活的勇气和力量。

那么如何改变悲观心态，向好的方向前行呢?

实际上在遇到不愧心事情的时候，我们完全可以转移一下自己的注意力，去做一些自己喜欢的事情，比如看电影、听音乐或看话剧。对于一个悲观的人来说，多看励志书籍有利于自身的调节，会对未来的生活有所期盼和向往。

所谓“赠人玫瑰，手有余香”。在赞美别人的同时，也要勇于帮助别人，当我们给予别人快乐的同时，也因自己能够帮助别人而感到快乐，从而肯定自己，给自己增加信心。

当你想赞美别人或者想获得别人的赞美时，要先从寻找自己的优点开始。你可以每天发现自己的一个优点并称赞自己，增加心理暗示，慢慢找回自信。在赞美自己的同时，也要发现别人的优点，加以赞美，你给别人赞美的同时，别人会在你身上看见慷慨、乐观、乐于发现美的心态，你所在的环境也会因你的赞美发生改变，久而久之你会发现，周围的环境变得比之前更和善、更亲切，而你自己的心态也会发生转变，形成积极乐观的人生态度。

凡事往好的地方想，处理问题的方式就会变得不一样。

过度担心未来是一种病

过度担心一件事情发生，就越有可能发生。其实这只是心理学上的一个暗示，比如，当我们路过公园的草坪时，就会遇到园艺师在给树木喷洒农药。这是当时的场景给我们留下很深的印象，导致一想来公园，就会想到有园艺师在喷洒农药，味道很重，很难闻，形成刻板记忆。

永远在计划中的人是很难完成一件事情的，过度的担心会导致我们的“担心病”越严重，事情进展越缓慢，形成死循环。所以说只担心是没有用的。

过度的担心会引发焦虑症状。过于担忧的人往往思虑过多，睡眠时间少，因此在睡前，过于担忧的人会拖长入睡时间，进入焦虑、烦躁甚至惊恐的状态，次日往往精气神不足，无精打采。长此以往，会形成恶性循环，多出现头痛、偏头痛等症状，对身体的健康造成伤害。

过度担心未来不如实际行动，过于担心未来不如看清眼前的现实。爱因斯坦说：“我从不去想未来，因为它来的已经够快的了。”时光飞逝，转眼就不见了，哪还有那么多时间担忧未来。

思想不是一天两天就能改变的，但我们可以通过行动改变，给自己找些事情做，通过忙碌的工作减少对未来无谓的幻想。先从最简单的事情做起，当我们每时每刻都有事做，就不会去想一些虚无缥缈的东西了，并且在忙碌中可以逐步找回自信。常年的担忧会使人丧失信心，逐渐怀疑自己的能力。不如把担忧换成行动力，为自己的生活创造价值。

在忙碌的过程中学习知识，丰富经验，让自己学习一个可以依靠它生存于社会的技能，这会给你增加信心和使生活有保障，焦虑和担忧随即逐渐减少。

当我们忙碌了一天，躺在床上静下心来，思绪又会喷涌而出，这个时候，最适合给自己做今日总结了。只需把这一天的成果和收获在大脑中思考一遍，或者用笔记录下来，做一个小日记。这有助于了解自己一天的动向，也有助于知道做什么是有收获的，做什么是浪费时间的。长此以往，脑海里就会清楚我今天做了哪些有价值的事情，以后的路就会很踏实，人生就会有保障。长此以往，之前的过于担心就会逐渐变成有计划的思考。

不为不幸找借口，只为快乐找方法

墨菲定律第一条是：“如果事情还能更糟的话，它会的。”

我们时常会因为身边的一些琐事而烦恼，比如，钥匙丢了、手机被偷了，这些倒霉的事情好像怎么都摆脱不掉，时常钻进我们的生活中，无法避免。

深圳三和有这样一群人，他们大多为没有固定收入而整天无所事事的人，每天的生活是在网吧打游戏，累了在公园的长椅上睡觉，这里的物价很低，一元钱的烟，五元钱的面，没钱了就去人才市场找日结的工作，过着有今天没明天的日子。

记者采访他们时，聊起那些人没到三和时的日子，有的人曾经有美满的家庭，因变故感情破裂；有的人刚刚进入社会，被骗光了钱没有脸面回家……因为种种原因，放弃了正常的生活，来到这里蒙蔽自己，混日子。

有些人在生活中彻底放弃了自己，或许从一开始，自己的选择发生改变的话，再努力一下，可能又是另一种局面。

女孩奈良阿尔梅达被诊断为胃癌晚期，当时医生告诉她现在的病情已经没有办法治疗，奈良阿尔梅达没有被病魔吓倒，她仍然积极乐观地接受治疗，并在社交网络上分享自己的生活状态。

奈良阿尔梅达在社交网络上粉丝众多，许多同样身患疾病的人看到了这个乐观豁达的女孩，她的人生态度感染了许多人。

她最后因病情恶化去世，众多网友悲伤不已，但更多的是对她坚韧而乐观的态度所感动。这个喜欢分享生活的乐观女孩，潜移默化地激励了很多人。

每个人或多或少地都会经历某些不幸，这些遭遇是我们人生的一个痕迹，无法抹去，所要做的是克服困难，用积极的心态面对问题，去解决它。

要想保持一种积极乐观的态度，就要拥有乐观的思维模式，遇事先保持镇定。这时与其惊慌失措，抱怨命运不公，不妨换一种情绪模式，镇定下来。或许这个时候，还来不及去思考和解决这个不幸的遭遇，但是需要等待，等待局势，静静观察，慢慢地会发现事情远没有想象中那么糟糕。

子曰：“贤哉回也！一箪食，一瓢饮，在陋巷，人不堪其忧，回也不改其乐。贤哉回也！”在简陋的环境中我们也能从容面对，用乐观的态度面对生活，是最高的境界了。

在镇定中要寻找机会积累经验，学习知识，加强能力。学会镇定对待周遭的环境还是不够的，大部分的偶然也是必然。偶然的考试不及格，偶然的失业，偶然的破产，这些偶然一定有其必然原因。所以在乐观面对问题的同时，也要丰富自己的大脑，才能在下一次的经历中避免这些不幸的遭遇。

钢琴师贝楚齐亚尼小时患了罕见的病症，骨头无法再生长，生活不便的他并没有放弃自己的人生，他开始和父亲学习音乐。他不满足于自己的成绩，每天坚持训练11个小时，他最后成功了，签约了唱片公司，举办了自己的个人演出。不屈服于命运的不幸，累积自身的能力，这就是贝楚齐亚尼想要的快乐吧。

在累积到一定能量的时候，抓住机会，进行反击。墨菲定律说过："好事情总是为等待它们的人来临，但是，不要等太久，它们会擦肩而过，就像两艘夜航的船，再也回不到本可以相逢的那个刹那。"等到好运到来时，要抓住机会进行反击。在我们拥有底气的同时，去完成过去不可能完成的任务，我们会发现，曾经重重困难的事现在完成起来却易如反掌。

如果你不开心，那就等一会儿再笑

墨菲定律："乐观主义者声称相比前生和来世，我们生活的世界是最好的，悲观主义者就怕这是真的。"

在不开心时我们都是悲观主义者，很多时候我们不需要勉强自己学会微笑，要放过自己一段时间。每个人都有不可避免的情绪波动，最好的解决方法是发泄出来。想哭就哭，想笑就笑，这才是一个自由的人。过分控制情绪会压抑自己的本性，逐渐导致心情郁闷，郁结在心中挥之不去，就会像一个毛线球，越团越大，最后的爆发是失控的。

有一个调查显示，我们在陷入不开心的状态时，会自动屏蔽周遭的事物，也忘记了流泪。拥有三成的人会去寻找外界的帮助走出困难，但是有七成的人会去选择自我调节。

外界的寻找大多是来自父母和朋友的，大部分人不喜欢在父母面前哭诉自己的困难，和好友在一起时，也不会真的得到一些解决问题的答案。很多人选择自己鼓励自己爬起来，自己疏通自己。

那么我们可以用哪些方法来发泄自己的负面情绪呢。

要勇于反驳别人。当我们和对方发生争执时，要勇于表达自己的观点，不要憋在心里。

要学会衡量事情的价值。如果我们因为一些小事动不动就不开心，就太不值得了，我们要学会思考这些，去衡量之间的利弊。什么是值得去思考的，什么是值得放弃思考的。经常性的自我思考会给自身的调节带来一些帮助，思考和审视自己，认清自己的现状，了解到一些东西是值得放下的、忘记的。忘记一些不开心的事，会让我们的大脑和身体放松。

去听歌。不管是什么类型的歌，尝试着听听，你会发现很多音乐只是听到曲子就会很感动，产生很多想象力，音乐的力量很强大。

看很伤感的电影。不开心的最直接方式是哭，哭出来什么都好了。不管是温情的伤感，还是绝望的伤感，这些故事的来源是生活，生活本是酸甜苦辣的。看完一部好的作品，就像经历了一次别人的人生，是很奇妙的体验。

宣泄不开心的方式还有很多，可以慢慢去寻找，总有一个是适合自己的。在我们的情绪无法控制或难以排解的时候，会给我们一个好的心理疏导。所以不开心的时候，就不要勉强自己笑了，学会放过自己，给自己一些空间，寻找开心的答案。

酸葡萄效应：千万不要只盯着你没有的

酸葡萄心理来源于一个小故事：狐狸想吃成熟的葡萄，但是葡萄架太高了，狐狸怎么也够不到，于是它就想：反正葡萄是酸的，我也不是很想吃。于是就有了吃不到葡萄说葡萄酸这一说。这是人们想得到的东西无法获取，而产生自我安慰以达到自我的解脱的方法。

墨菲定律说："没什么事情像看上去一样简单。"

人们常常会向往自己得不到的东西，认为得不到的总是好的，如别人的家庭、别人的学术、别人的事业，而往往忽视自己拥有的。

鲁迅笔下的阿Q，一直见不得别人的好，就算是最后自己被关进大牢里，也能够以"以为人生天地之间，大约本来有时要抓进抓出"来自我安慰，在最终被砍头的时候也能够保持得意洋洋。

东晋名臣恒温和殷浩，二人实力相当，都得到了朝廷重用。

殷浩因为本性淡泊名利，又喜欢评判权威，最后被废职，贬为庶人。而恒温不同，他一心想当人上人，对升职之事非常在意，最后恒温平步青云。

一日恒温对殷浩说："你还和我比较吗？"

殷浩说："我只看到自己的事情，看不到其他了。"

殷浩审视自己的内心，发现了自己的想要的东西，便不再执着于看别人的生活。优秀不是和别人攀比，而是和自己攀比。殷浩发现自己不适合做官，而适合瓜田李下的生活，这就是正确地审视自己。

了解自己为什么会产生酸葡萄的效应，动机有方方面面，有外界的干扰，有自身的原因。是因为我们对自身的不满意，比如，身材、相貌、学识或者金钱，还是外界的环境压迫着我们，必须去这么做，比如，朋友之间的炫耀攀比。找到“酸葡萄”的原因很重要，这有助于我们看清自己。

此外，了解动机后思考自己是真的想获得这些吗？比如，我们看到别人有一大块蛋糕，但是我们没有，我们羡慕的同时，要去思考自己真的需要它吗，可能我们在看到这块蛋糕之前已经吃饱喝足。要清楚自己的得失利弊，没事别和他人去比较。看清自己的现状，旁人的得意和失意是旁人的事。

生活的轨道不同，选择不同，各人各业会有明显的差别。所以我们只要看清自己的优缺点，把自己的过去和现在做对比，就会发现现在的自己明显优于过去，那就是你在进步了。当不再羡慕别人，认清自己，做自己想做的事，我们会发现自身的偏执少了许多。

我们需要审视内心，我们最想要的东西是什么，我们现在拥有什么，然后确定目标，付诸行动。在实现目标的同时，也要体现自身的价值，这有助于我们提升自信心，自信心上来了，对他人的得失就不会那么在意了。

总结下来就是：提升自我信心，发扬自己的优点，少看别人拥有的，多看看自己所拥有的。不妨想一想，当我们在羡慕别人的同时，可能别人也在羡慕我们的生活。所以，每个人都拥有值得别人欣赏和羡慕的点，不妨也让自己欣赏一下吧。

积极暗示，别着急对自己说不

当遇到没有把握的事情时，就会有人说：“我觉得我不行，我还是看看别人怎么做的吧，我还是别这样做了。”

墨菲定律说过：“风永远不会顺着你的发型吹。”生活中，值得被重视的事情，做起来都不是那么轻而易举的。

王宇在大学毕业以后选择参加工作，后来在一次与同事交流的时候，发现同事都在商量着报考中级职业证书。

这时候他们的组长站出来说：“我不想报了，听说今年的题目会比较难，感觉报了希望也不大。”

王宇一听，心想：就连已经工作几年、技术已经成熟的组长都不敢申报，那我肯定也没戏了。于是王宇放弃了报考。

半个月后，考试成绩出来了，王宇打听之后才知道，今年的通过率很高，就连一些技术比较生涩的毕业生都能够通过，这时的王宇后悔也来不及了。

有时候不是我们的能力不行，而是自己先否定了自己。

当你向往一件事情时，哪怕你觉得希望渺茫，也要勇于去尝试一下，不去尝试怎么知道自己不可以。

我们在面对人生的选择时，要用积极的心态去面对它。先肯定自己，才能得到他人的肯定。

经常否定自我、没自信的人最大的共性就是缺乏勇气。一个人拥有了勇气才能去面对自己，去审视自己，用积极的心态面对生活。

我们需要锻炼自己的勇气，克服恐惧。要相信危险是事实存在的，而恐惧是人内心的选择。我们可以做自我选择，放松身心，多进行自我暗示，培养胜利心态，长此以往，勇气渐渐地就回来了。

当你拥有勇气的时候，那么就去做出选择。多做决断可以培养我们的性格不再软弱，不要产生胆怯心理，在选择中培养自身的决策能力和决策的意愿，锻炼出刚毅、果断的性格。在决策中不仅要培养性格，也要培养自身的价值观，多思考行动中的目的性，给自己下好定义，认清自身的价值，做出正确的选择。

消极的人往往在错失选择中懊恼、不甘。而生活不只有一个机会，如果没把握住它，说明我们的经验还不够丰富，但是我们能从中发现它并且接近它。

泰戈尔说过："假如你因失去了太阳和月亮而哭泣的话，那么你将失去星星。"活在昨天不是一个好的状态，我们应朝前看。只要不再否定自己，在积极的心态下，努力培养自身对社会的价值，提高技术能力，机会将再次到来。

如果事与愿违，要相信一定另有安排

有时，当我们百分之百去期待一件事情的到来时，它没有发生。当我们觉得这件事情处理得很糟糕时，它却带来了好消息。

墨菲定律说："那些谁碰上都倒霉的事儿老是在你身上应验。"这是心理作用的效果，当我们对一件事情的失败特别在意时，就会记忆深刻，这样我们的脑海里就会形成惯性思维，只要碰见这样的事情，就会想起自己过去的失败。

事与愿违——每个人都不想发生的，当我们在困难中爬不起来时，要相信一定有另外的安排。

阿曼达的女儿朱莉患有先天自闭症，当医生拿出病例时，阿曼达拖着沉重的步伐回到家中。阿曼达和女儿朱莉很少有正常的沟通，一般情况下朱莉喜欢在纸上画出来给母亲看。

阿曼达流经常参加自闭症救治机构的家属交流会，大家会围成一圈坐下来，谈论对抗亲人自闭症的经验。一位男士说道："我的儿子很喜欢钱包，只要看到好看的皮质钱包，就会跟上去，一个不注意就被人误以为是小偷。"

另一个中年女性说道："我会让他和许多动物待在一起，他和小动物们玩得可开心了，比和我待在一起开心很多。"这番话给阿曼达一些启发，她从乡下领养了两只小猫送给朱莉，朱莉开始不知道怎么和这些小家伙相处，阿曼达就把方法画在纸上给朱莉看。渐渐地朱莉懂得和其他动物相处，懂得了爱和包容。虽然朱莉的自闭症没有痊愈，但是她越来越热爱生活了。

之后，朱莉同意母亲的决定，去特殊的教育机构读书。长大后，朱莉致力于研究动物行为学，她喜欢从动物的角度发现问题，这和普通人的思维有很大差异，但恰好也帮助了她对动物行为的研究。

生活中不只有这一个例子，很多人在生活的选择上不甚如意，比如，喜欢打篮球，但长得矮；想去学播音，但声音很难听……这些困难虽然没办法避免，但相信有另一条路正在为你开放。

尼克·胡哲自打出生时就没有四肢，只有躯干和头。

他不能走路，不能拿东西，并且总要忍受被围观。

在一次偶然的机会，尼克接触到演讲，他感动了他人的同时，也为自己找到了方向。

此后两年的时间里，尼克在家里悉心研究各种励志演讲。阅读了大量书籍，观看了无数个励志视频。一点点地揣摩，模仿励志大师的每一个动作、语气、节奏以及各种细节，直到有一天，他觉得必须走出去了。

在尼克19岁的时候，他打电话给学校，推销自己的演讲。在被拒绝52次之后，他获得了一个5分钟的演讲机会和50美元的薪水。

之后，尼克凭借着他富有磁性的嗓音，清晰的思路，幽默的语言，最关键的是他有与众不同的人生经历可以与别人分享，给所有人坚持下去的力量，在多年磨炼当中，他具备了异常坚韧的心智和丰富的阅历，这些精神上的素养完全弥补了肉体上的缺陷，帮助尼克超越了健全的大多数人，取得非凡的成就。

不管是坚持自我走下去，还是另辟蹊径找到更完美的解决方法，都是值得我们鼓励和学习的。当我们对事情很失望、没有预期的那样好时，我们应当做些事情改变它们。

首先，降低心理预期。期望越大，失望就越大。很多时候不是发现事情的方式不对，可能是我们的能力达不到心理的预期。这个时候，应该降低心理预期。

其次，保持信心。虽然我们的能力会有偏差，但不影响我们建立自信心。建立良好的自信心而不是自满与自负，更不能自卑。自满会停滞不前，自卑会丧失行动力。在失去中建立斗志，在斗志中建立自信。

最后，培养能力。拥有了斗志与自信就去培养能力。当我们拥有能力时，就有把握与事态进行对抗。